Idea man

Idea man

Idea
man

Ideaman

圖解 驚人的NLP

擺脫框架，重塑自我信念，安裝人生新程式

サノマリナ 繪　陳美瑛 譯

山崎啓支 著

美國NLP協會認定訓練師・社團法人日本效率協會合作講師

推薦 一本人人都適合的NLP入門學習手冊

這是一本用職場背景導入的NLP簡易學習手冊，對不懂什麼是NLP的新手來說，是相當好的一本入門書；對一個職場新人來說，這更是一本必備的職場能力指南。

研讀這本書可以幫助你重新拾回希望，也讓你懂得如何重新解構生活中的事物，並學到新的能力，且足以讓人懂得「如何」改寫自己的生命軌跡。

NLP是從複製大師的卓越技能開始，所以，我們激勵你重新找到人生的目標與願景，如同「開場白 漫畫 Story 0」單元的探索：因爲，沒有目標，一個人只能沉浮於社會之中，玩著別人制定的遊戲。

只有目標跟願景，雖然能讓你充滿熱情，但那是激勵大師會做的事。而NLP則是教會你方法，因爲「複製卓越」需要方法跟程序。所以，本書第一章的「修改程式漫畫Story 1」就要告訴你，如何用NLP的眼光看待世界，同時也讓你知道，如何用NLP的技巧來管理你的恐懼與害怕。再來，作者更進一步用「次感元」的方法，教你如何重新管理設定你的大腦程式。

在管理好自己的大腦之後，我們就能進入第二章「建立信賴關係 漫畫Story 2」了。事實上，再也沒有任何學說比NLP更擅長教會我們「親和感」跟「影響力」。NLP不說理論，而是一個步驟又一個步驟地教會你「怎麼做」。

最後，本書第三章則要教會你，怎麼安裝你的大腦新程式——透過複製卓越的方法，你將學會如何設定你的典範行爲與思考反應模式。

最後一章，作者將會帶領你去探討「價値觀」，因爲複製卓越不只要行爲像他、說話像他，還要想的像他，換言之，好的價値觀不只能讓你成功，最重要的是，讓你在追求成功的過程中保有心念與行動的一致性，而這正是生命品質跟快樂的來源。

這眞的是一本深入淺出的NLP好書，專業又極具親和感，我誠心誠意地向大家推薦本書。

德派催眠雞尾酒療法創始人、NLPU聯盟講師、作家

唐道德

前言 NLP可以改變窮極一生都無法克服的弱點

我開始講授有助於解決問題與達成目標的實踐心理學「NLP（神經語言程式學）」以來，已經超過十個年頭。在初期，只要一提到NLP就會讓人感覺又是一門專門技術。對於這個主題感興趣的，主要也都是「治療師」、「教練」、「研習講師」等溝通領域的專家們。不過，近幾年來，除了這些專家之外，對NLP感興趣的人也逐漸擴展到因工作感到苦惱的上班族，或是想要追求工作與生活平衡的主婦們等一般民眾。爲此，讓我想寫一本讓廣大讀者都能夠輕鬆閱讀的NLP入門書，這就是本書出版的契機。

我到目前爲止，透過NLP已經接觸超過五千人。在這過程中深切地感受到，「無論是公司的社長或是剛進公司的菜鳥員工，都各有必須解決的問題，也都各有自己的理想樣貌。」

在幫助個案解決他們的問題或達成目標的過程中，我也見證到許多人在短期間之內，透過NLP的方法體驗到極大的變化。例如靠意志力，窮極一生都無法克服的根深蒂固的弱點（如恐懼症），有人只花十分鐘左右就改善。還有的人花了幾個月突破了自己內心的心理障礙，達到自己原本以為不可能完成的任務。透過這樣的成果，許多人從改善上司、部屬的關係到成功地完成專案等，廣泛地提高了工作的品質。

由這些案例可以得知，對於一般的上班族而言，ＮＬＰ也是一項非常實用的自我改革工具。

本書主要由故事（漫畫）與說明等兩大部分構成。

主角是一名二十五歲的咖啡店新手店長——京橋舞。故事描述的是，因公司政策而被拔擢為店長的小舞，如何克服「人際關係」與「工作壓力」，繼而獲得成長的過程。

內容以任何人都會遭遇到的挫折為主題，讀者閱讀本書時，相信都能夠透過故事對應自己本身的體驗或問題，與一邊奮鬥、一邊積極向前邁進的主角之想法產生共鳴。看到這裡，我想讀者們一定很想快點起身實踐ＮＬＰ吧。

特別是對於工作上的人際關係、對於自己的立場感到壓力的領導者們，還有今後將以領導者身分帶領身邊同事的年輕上班族們，應該都能夠從本書獲得一些啟發或資訊。

說明的部分除了補充故事內容之外，也添加許多身邊相關的主題，如「能力的最大極限」、「消除壓力」、「改善人際關係」、「加強領導能力」等等。每個主題都是相當實用的技巧。除了介紹這些實用技巧之外，我也加上詳細的解說讓讀者能夠靈活運用。另外，爲了讓讀者能學會ＮＬＰ的進步訣竅，本書將不斷地重複說明基本技巧，只要讀過本書一遍，就能夠將最重要的重點記在腦中。

除了對ＮＬＰ有興趣的讀者之外，也希望在工作職場中遇到問題的上班族們一定要閱讀本書。因爲，光是讀完本書，內心就一定會開始感覺輕鬆了。

透過本書如果能夠讓廣大讀者明白，ＮＬＰ是能夠輕鬆愉快地使用的技巧，並且對大家實際的生活有所幫助的話，我當深感欣慰。

山崎啓支

目次

第1章 **修改程式**

第2章 建立信賴關係

第3章 安裝新程式

第4章 身為領導者最重要的事

開場白

什麼是NLP？

首先，讓我們先來瞭解一下什麼是NLP，
接著大略地學習影響人類的程式具有什麼特徵。

新手店長
小舞與NLP
的相遇
Story 0
咕嚕
咕嚕
咕嚕……
IVER COFFEE
感動物語
新妻政宗 著
IVER COFFEE 感動物語
獲得成功的經營學
行銷的成功法則
京橋舞（25歲）

嗯～
伸懶腰～
唉……
怎麼會這樣……
半年前
公司考慮讓京橋小姐擔任IVER COFFEE六本木店的店長。
啥！我嗎？
IVER COFFEE JAPAN總公司
很抱歉這個通知有點倉促，因為現任店長突然生病而離職了。
以公司的立場來說，也是想積極重用年輕員工，所以做出這個決定！
這個通知這麼突然，我……
對本公司而言，六本木店是很重要的一家分店，
雖然會很辛苦，不過這可是難得的升遷機會，妳一定要努力加油啊！
嘴巴說加油是很輕鬆……

自從我當上店長至今，業績就直直落。
每月營業額
完全達不到當初設定的營業目標，
不知爲什麼店裡出現不和諧的聲音。
目標
呼…
好遠啊……
不僅休假要加班，我自己也狂K管理學、行銷學，可是完全行不通啊！
對我而言，這個擔子果眞太重了呀！
唉……
怎麼辦喔？
咖噠
IVER COFFEE
感動物語
啊！

啊啊——
啪撒
啪撒
不好意思。
我才是！
抱歉！
嗚哇！我說，這些書也太多了吧！
各方面我都涉獵一些……嘿嘿。
嗯？
IVER COFFEE
感動物語
IVER COFFEE
這是……

啊！你知道這本書嗎？
當然。
這本是IVER COFFEE JAPAN創立成員的創業史，沒錯吧！
啪啦…
妳讀得很透徹呢！
這是本好書喔！你看過嗎？
啊……
成員當中的核心人物新妻政宗，到現在都還是公司內的傳說人物喔。
啊哈哈
傳說啊？
是真的啦！
他去美國好幾次進行洽談，最後終於讓美國總公司同意在日本開店。
IVER COFFEE
一年開立兩百家店，這種前所未有的速度就是他的展店策略。
也在日本塑造了嶄新的咖啡店風格，
關於他的傳說真是多不勝數。

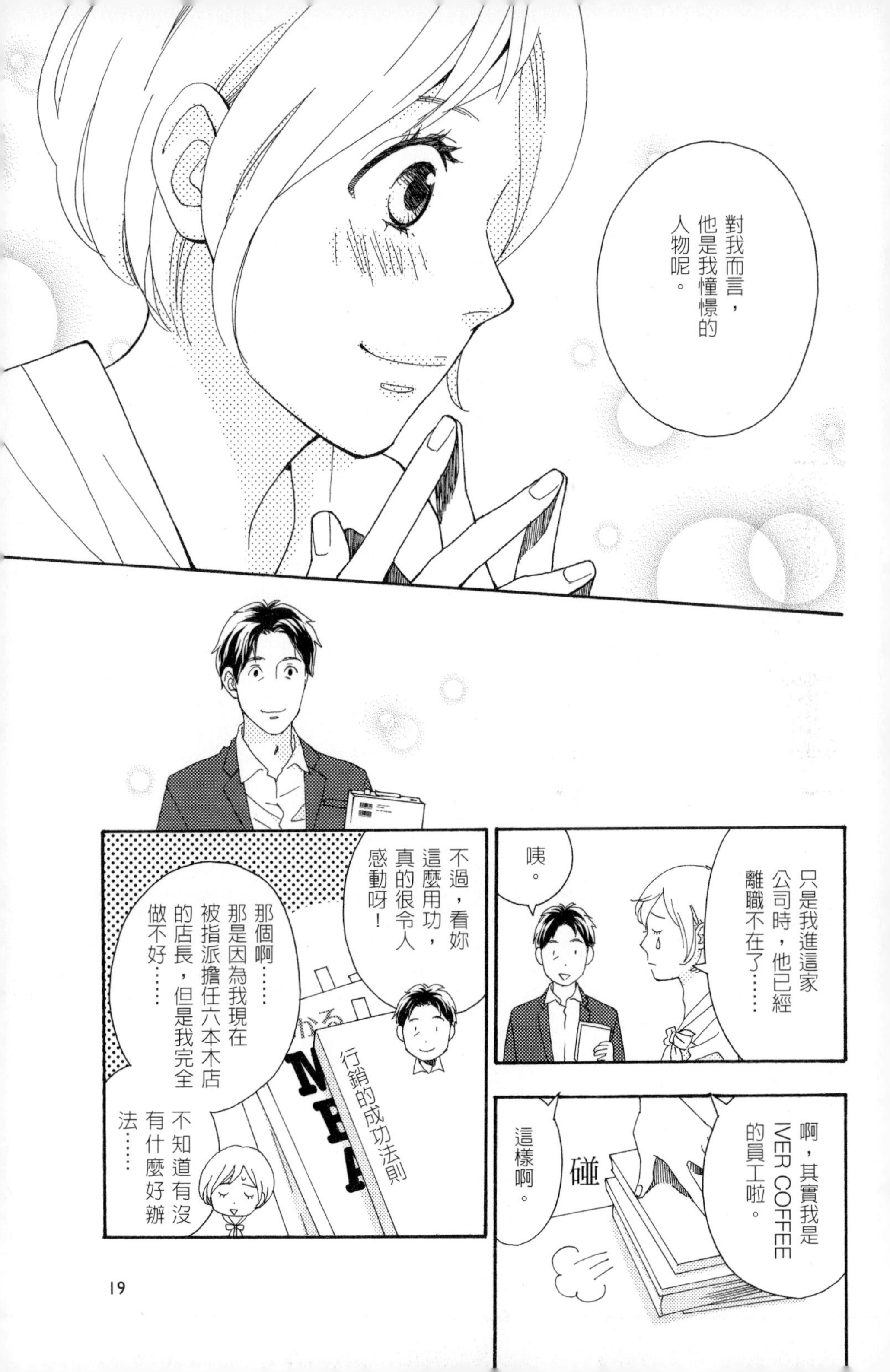

對我而言，他是我憧憬的人物呢。
只是我進這家公司時，他已經離職不在了……
咦。
啊，其實我是IVER COFFEE的員工啦。
碰
這樣啊。
不過，看妳這麼用功，真的很令人感動呀！
那個啊……那是因為我現在被指派擔任六本木店的店長，但是我完全做不好……
不知道有沒有什麼好辦法……
行銷的成功法則

六本木店的店長？妳很厲害耶！
六本木店不是IVER的旗艦店嗎？
是這樣沒錯……
你很清楚嘛！
呃！
嘎噠
是啊，因為工作關係，多少知道一些啦！
不過，妳剛剛說做不好，指的是哪方面的事呢？
是業績嗎？
業績也是啦……
怎麼回事，爲什麼我什麼都會跟他說……
緊握

人際關係也不好……與客戶之間的糾紛也經常發生，
我已經不知該如何是好了……
為什麼突然這樣問？
不能問嗎？
也不是不能問啦！
妳為什麼會來這家公司上班？
咦？
小時候……

自從我父母帶我來這裡之後，這家咖啡店就一直是我最喜歡待的地方。
在幽靜的氣氛中，時間流逝，心情也跟著沉穩下來，是一個讓人想一直待著的地方。
從某一天開始，這裡就成為我常來的地方。
我希望將來能夠獨立創業，建立一個跟這家咖啡店一樣能夠提供完美空間與時間的場所。

這就是我的夢想。

我想在IVER COFFEE中學習各種經驗，
所以才會進這家公司的。
就是這樣。
我怎麼會談到夢想的事情啦！
好丟臉啊—
這一點也不丟臉喔。
這是非常美好的夢想呀！
微笑
心跳
對了，能夠認識妳也是一種緣分。
能不能讓我來幫助妳完成夢想呢？
喀搭
咦？
幫助我？

妳現在需要的不是這類的商業書籍。
而是NLP。
NLP？
吸氣……
沒錯，所有的一切都在這裡。
利用NLP稍微改變一下思考方式的話，妳的人生應該就會產生戲劇性的改變喔。

01 NLP到底是什麼呀？

●誕生於美國的NLP

新手店長小舞聽到的NLP究竟是什麼呢？如果要以一句話簡單說明，NLP就是有效地結合語言學與心理學的實踐方法。NLP爲了在工作、能力開發、溝通等方面，能夠實踐幫助人們提高整體的生活品質，便一直發展至今。

NLP是在一九七〇年代，由美國加州大學主修數學與電腦科學的學生——理查·班德勒（Richard Bandler），以及在該大學教授語言學的約翰·葛瑞德（John Grinder）共同開發而成。他們的開發是透過徹底研究當時活躍於業界的多位天才治療師（心理治療師）的行爲模式而完成的。

研究的基礎是稱爲「模仿」（Modeling）的方法。在「模仿」中，一開始會先鎖定一位模範人物，並且仔細觀察這個人物的行爲。此外，徹底模仿可能想到的各種面向，並分爲必要的程式與無用的程式，最後只選取出必要的程式實踐之。

探討能力開發的書籍經常這麼寫：「若想獲得成功，就要實踐成功者的做法。」ＮＬＰ可以說是一個極爲有效的實踐方法。

ＮＬＰ是一個劃時代的方法，短期間內便傳遍美國各地。當初在治療師之間還蔚爲話題。不過，後來大家逐漸瞭解ＮＬＰ也可以有效地運用在各種領域後，在商業、教育、醫療、運動與藝術等領域便逐漸引進ＮＬＰ，並加以應用。

● NLP是大腦的使用說明書

在ＮＬＰ的發源地——美國，稱ＮＬＰ是「**大腦的使用說明書**」。因爲它是分析各領域中傑出人物的行爲模式，這意味著是在研究這個範本使用大腦的方法。

順帶一提，「ＮＬＰ」是英語「Neuro」（神經）、「Linguistic」（語言）、「Programming」（程式）的縮寫，中文則翻譯爲「神經語言程式學」。這裡的「神經」主要指的是「五感」，「語言」就是我們所知道的語言的意思，「程式」就是電腦領域中所指的程式。也就是說，**人類的大腦裡存在著對於特定的輸入訊息，所做出**

的啓動的程式。

另外，「N」（即五感）就是「體驗」的意思。例如「吃漢堡」的體驗是由漢堡的「味道」（味覺）、「香氣」（嗅覺）、「嘴裡感覺到的溫度」（觸覺）、「看起來很好吃的漢堡」（視覺），以及「漢堡肉煎得酥脆多汁且嘶嘶作響的聲音」（聽覺）等感覺組合而成。在NLP中就是將這「N＝五感＝**體驗**」與「L＝**語言**」組成爲「P＝程式」。

如果小時候有被狗咬過的經驗，就可能會得到「恐犬症」。一旦有「恐犬症」，只要看到狗就會重複做出完全相同的反應。可見得這個「恐犬症程式」，是因被狗咬的「體驗」而產生的。

一般的日常體驗也是一樣。舉例來說，假設父親是嚴守時間的人，只要遲到就會被罵，最後小孩子可能就會產生「嚴守時間」的價值觀了！不過，這個價值觀並不是與生俱來的，而是經由重複的「L＝語言」提醒所產生的程式。

就像這樣，人類是在沒有程式的全新狀態下出生，後來透過「體驗」與「語言」而學會了各式各樣的「程式」。而這些「程式」就決定一個人一生的幸與不幸。

體驗與程式

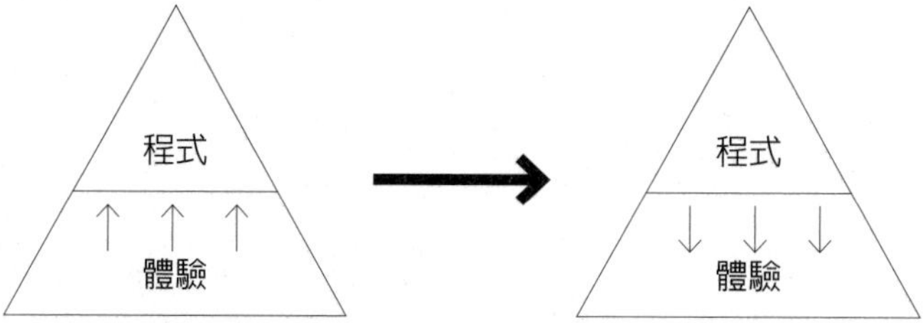
程式
體驗
程式
體驗

透過體驗而產生程式　　程式影響體驗

以恐犬症為例……

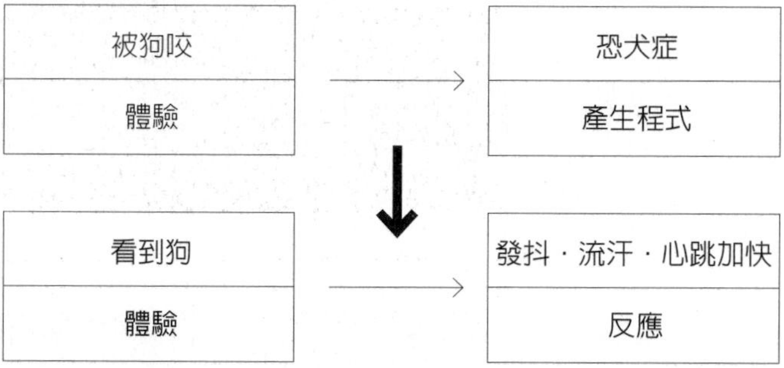
被狗咬
體驗
恐犬症
產生程式
看到狗
體驗
發抖・流汗・心跳加快
反應

每次看到狗就會自動且正確地重複相同反應。

人類的大腦裡存在著對於特定的輸入訊息所做出的啓動的程式。透過「體驗」與「語言」而學會了無數個「程式」。

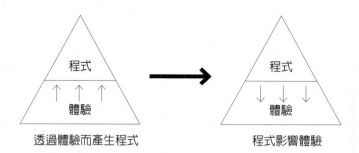

02 程式是為了確保安全、安心而產生出來的

●程式是被無意識（潛意識）設定的

前面提過，如果小時候曾經被狗咬過，大腦就會設定「恐犬症程式」。假設你被狗咬了，你覺得這時你會有意識地來「設定」這個程式嗎？

或是不管喜歡與否，在被咬的那一瞬間，你就會連小型犬也感到害怕而對狗敬而遠之？

不用說一定是後者吧。被狗咬過的人幾乎都是自動地產生「恐犬症」。

最具代表性的程式有「懼高症」、「幽閉恐懼症」，與「女（男）性恐懼症」等症狀。然而，應該不會有人是因爲喜歡，而在自己身上設定這樣的程式吧。事實上，有許多個案都前來尋求改善這些惱人的症狀。就如同我說的，沒有人是有意識地想在腦中設定這些程式的。

總之，現在我們知道除了「自己的意識」之外，還存在著與自己的意識不同的意識，那就是「無意識」（潛意識）。

通常決定一個人幸與不幸的程式，是位於無意識（潛意識）底下。因此，瞭解「無意識」（潛意識）的特性，將有助於瞭解NLP。

那麼「潛意識」設定程式的目的，到底是什麼呢？

答案很簡單，是爲了**確保「安全、安心」而設定的**。

在生物的進化史上，人類的出現最晚，而且人類的大腦也隨著動物的進化而進化。事實上人類大腦的基礎，來自於「爬蟲類的大腦」與「哺乳類的大腦」，可以說，在這些大腦之外又增加了人類特有的大腦功能。而人類以外的其他動物的大腦特色，是爲了滿足生存本能而形成的。不過，若與其他動物相比，人類高功能的大腦其實有很大一部分還是與其他動物共有。這意味著人類直到現在還是依賴著生存本能所產生的需求而生存。

所謂生存本能，指的是「盡量延長生命的欲望」。「潛意識」便是根據這項前提，而設定出「尋求安全環境，迴避危險環境」的程式。

03 意識、潛意識的特徵

●大致瞭解意識、潛意識的狀態

首先，如圖所示，請先大致記住**「意識＝思考（頭腦）＝語言」**、**「潛意識＝身體＝感覺」**。

當我們深刻思考自己本身或工作的事情時，應該感覺得到意識清晰且明確吧。其實，像這樣腦子在想些什麼事的時候（思考時），我們是使用「語言」思考。若是日本人就是用日文；若是以英文爲母語的人，就是使用英文思考。像這樣，語言在腦中活躍地運作，確實掌握外界與自己本身時，表示意識正活潑地運作著。也就是**「意識＝思考（頭腦）＝語言」**的關係成立。

相對於此，當腦海中沒有語言時，大部分都是處於發呆的狀態。若要問這樣的狀態是在有意識下還是潛意識中，感覺應該屬於「潛意識」吧。就像這樣，如果腦海中沒有「語言」時（不是有意識地動腦思考時），人類會處於身體感覺比較清晰的狀態。當注意力沒有放在思考（頭腦）上的時候，手腳的感覺會比較敏銳。

因此，**「潛意識＝身體＝感覺」**可以說是潛意識的特徵。

潛意識之下的程式多半是沒有被察覺到的。不過，所謂的「察覺」，指的就是將程式轉化為語言的意思。我們透過語言而瞭解自己本身，這意味著我們將潛意識領域的狀態，化為意識而呈現出來。學習NLP最大的目的之一，就是能夠有意識地控制那些被程式（潛意識）掌控的行為。

意識、潛意識的特徵

意識＝思考（頭腦）＝語言

潛意識＝身體＝感覺

※NLP就是詳細地瞭解潛意識的性質（以語言掌握），以期能夠使用語言控制感覺。

意識＝思考（頭腦）＝語言

↓ ↓

潛意識＝身體＝感覺

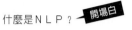

04 決定的是「意識」，行動的是「潛意識」

●潛意識的力量是意識的兩萬倍⁉

我們能夠「有意識」地做出決定。例如，我們能夠決定戒酒。不過，當夜晚想喝酒（身體感受到的感覺）而睡不著時，我們會依照身體的感受行事，而非依照當初的決定行事。也就是說，我們多半會破戒。

從過往的經驗大家都知道「戒酒」、「減重」、「戒菸」等很難成功。就像這樣，人們的腦袋很清楚戒酒對自己比較好，但是「我明明知道，但就是戒不掉」。這是因爲就算「意識」（頭腦）做出決定了，「潛意識」（身體感覺）也會朝著相反方向前進。在這樣的情況下，身體確實不容易繼續忍耐下去。

關於意識與潛意識的力量差別，有一說認爲，「潛意識」的力量是「意識」的兩萬倍。各種能力開發的書籍都強調活用潛意識的必要性，也就是因爲其所能發揮的力量相當強大之故。如果你決定的行動，背離潛意識中的程式，就算短期間能夠忍耐做到，長期下來也很難持續進行下去。因此，若想要改變不良習慣，就必須改變你內在的某項程式。在這之前，要先稍微瞭解一下「程式」（潛意識）的性質。

●程式是根據「開心、痛苦」的原則而設定的

前述寫道：「『潛意識』根據這項前提而設定出『尋求安全環境，迴避危險環境』的程式。」有著這種傾向的潛意識具有感應器，若感到「安全、安心」，就會覺得「開心」，感覺到「危險」就會覺得「痛苦」。因此，**大部分的程式是透過連結「開心的感覺」與「痛苦的感覺」設定而成**。

順帶一提，無論是「開心」或「痛苦」，都分為「物理性」與「精神性」兩方面。例如，小時候曾經從樓梯上跌下來，而產生「懼高症」。這種懼高症伴隨著「物理性的痛苦」；青春期遭受自己仰慕的女性冷言相對，而產生「女性恐懼症」，這種恐懼症則是「精神痛苦的體驗」。不過這種精神上的恐懼症，也會讓許多人感覺到心痛吧！**以人類來說，比起「物理性的開心、痛苦」，因「精神性的開心、痛苦」而產生的程式要多更多。**

05 程式只不過是你自己的「認定」而已

●程式是透過「連結部分與整體」所設定而成

像本書主角小舞那樣患有恐犬症的人有一個共通點，那就是他們害怕各種不同種類的狗，而不是特定某一種類的狗。這也是程式的特徵之一。也就是說，被狗咬的時候，人們不是只對「咬自己的特定的狗」產生恐懼，而是像「各種種類的狗＝恐懼」那樣，化為X＝Y的公式。這種現象稱為「一般化」。**所謂「一般化」，指的就是「連結部分與整體」的意思。**

在人類的腦海中，存在著無數個所謂的價值觀或信念。這些價值觀或信念屬於程式的一種，也是被「一般化」的概念。

例如，抱持「必須親切對待他人」價值觀的人，當自己睡眠不足非常疲累，而無法充分慰勞後輩或部屬時，就會產生罪惡感。像價值觀等程式，基本上就是有「什麼時候、什麼狀況時必須遵守的原則」的感覺。**程式缺乏了彈性，便會做出X＝Y這種制式的反應**。

不過，「世界上所有的狗都很可怕」的想法並不是眞實的，只不過是你自己認定的想法而已。同樣的，如果程式是因爲「體驗」或「語言」而被極端地「一般化」，無論是哪種成因引起的，都只不過是自己的認定而已。眞實無法改變，但自己認定的想法卻可以改變。事實上，人類大部分的壓力，都是來自於自己認定的想法。這意味著**只要知道適當的方法，就能夠克服大部分的壓力**。

●程式透過「衝擊」與「重複」而產生

程式透過衝擊（強度）與重複（次數）而設定。所謂衝擊（強度）就是「強烈的體驗」。「被狗咬」、「從樓梯上摔下來」等經驗，由於衝擊性強，所以一次的體驗就會被設定爲程式。相反地，每天被母親責罵而形成的價値觀，則是透過重複的「語言」而產生的程式。如果瞭解這點，在改寫程式時也會很有幫助。

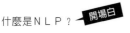

06 NLP的「用途」

前面說明了位於潛意識中的「程式」的特徵。而我們每個人腦中都有無數個程式，依稀可見，這些程式大大地影響我們人生的幸與不幸。

悲觀思考傾向的人，就算聽到「一定要樂觀」的建議也是沒有任何反應的。即便頭腦（意識）知道越是悲觀的人，才更要學習樂觀。不過，假如身體（潛意識）內部已經設定以悲觀角度看待事物的程式，身體就會不自覺地做出悲觀的反應。

● NLP是從「理解」層面，過渡到「體會」層面的實踐方法

市面上各種自我啓發的書籍中，都會介紹成功人士們的共同特徵。我從學生時代就開始閱讀許多自我啓發的書籍，也參加各種研討會。我的腦子（意識）都瞭解這些書籍所介紹的觀點，但是大部分都做不到。**事實上，大部分的人都知道成功的方法，**

但就是無法付諸實踐。

在學習上分爲「理解」與「體會」等兩種狀態。**「理解」就是「透過頭腦知道」的狀態，「體會」就是「透過身體學會」的狀態**。開車也是從「理解」開始的。手上拿著教科書，一邊以腦子思考、一邊開車的狀態就是「理解」。之後經過無數次重複地開車練習，身體便記住如何開車（體會）。因此，幾乎每天開車的人，就算腦中關注著重要的簡報或會議等與開車無關的事，也能夠輕鬆地開車上路。

就像這樣，若想要能夠有效率地執行某種行動，必須落實到「體驗程度的學習」。而所謂「體驗程度的學習」指的就是已經進入潛意識層面的學習。這是因爲如前述的圖所示，「潛意識＝身體」之故。順帶一提，「理解」是意識層面，也就是說，理解只是透過語言明白的學習程度而已。

幾乎每天開車的人就算沒有把心思放在開車上，也能夠熟練地開車上路，這表示他的腦中已經設定好「開車程式」了。就像這樣，某項技巧能夠做到熟練，意味著潛意識層面的程式已經被設定完成。**除了知道自我啓發書籍上所寫的內容之外，我們還可以透過ＮＬＰ提供設定程式的方法，讓你能夠實際執行。**

●NLP解除製造不幸的程式，安裝創造幸福的程式

就像這樣，只要深入學習NLP，既能夠「寫程式」，也能夠「改寫」程式。因此，如果花時間學習NLP，就算是悲觀的人也會變得樂觀。

除此之外，透過深入瞭解程式，你也能夠學會瞬間變成「充滿幹勁的狀態」或「個人嚮往的狀態」。

悲觀的人因為設定了產生悲觀狀態的程式，所以很容易意志消沉而陷入失去幹勁的狀態。而樂觀的人則擁有產生樂觀狀態的程式。因此，如果研究樂觀者的程式，就能夠掌握瞬間形成「充滿幹勁的狀態」的訣竅。本書將會介紹幾個實用的方法。

只是不論做什麼事，基礎是最重要的。透過學習NLP，將來也能夠改寫已經深植在腦中的程式。而本書最主要的架構，便是鎖定在學習NLP最基礎的基本模式。

程式的特徵

①根據「開心、痛苦原則」而設定

「無意識」為了「尋求安全環境，迴避危險環境」而設定程式。「開心」或「痛苦」，也分為「物理性」與「精神性」兩方面。大部分的程式是透過「精神性的開心、痛苦」的感覺而產生。

②「將部分與整體連結」而產生程式

患有恐犬症的人不只對「咬自己的特定的狗」產生恐懼，而是像「各種種類的狗＝恐懼」那樣，化為X＝Y的公式。這樣的現象稱為「一般化」。所謂「一般化」，指的是「將部分與整體連結」。程式缺乏彈性，便會做出X＝Y這種制式的反應。

③程式透過「衝擊」與「重複」而設定

「衝擊」（強度）指「強烈的體驗」。
例如，「被狗咬」等體驗，因為衝擊性強，所以一次的「體驗」就會被設定為程式。另外，每天被母親責罵而形成的價值觀，則是因為重複的「語言」而被設定為程式。

人類是在沒有程式的全新狀態下出生。
後來透過「體驗」與「語言」，而學會了各式各樣不同的「程式」。
這些「程式」就決定一個人一生的幸與不幸。

專欄 1

大腦的三項原則

關於「開心、痛苦原則」，像這種大腦的基本程式可以大致歸納為三項原則。

首先是「開心、痛苦原則」。如前面所說明的那樣，大腦的運作會追求開心狀態並且迴避痛苦狀態。

其次是「聚焦原則」（Focusing）。意思是人的意識不擅長同時處理兩件以上的事物，一次只能將焦點投注在一件事情上。例如，我們無法同時想出「充滿開心的記憶」與「黑暗過去的記憶」。同樣地，我們也無法同時體驗兩種不同的狀態。

最後是「空白原則」。當大腦產生「空白」時，大腦會設法填滿這空白。這裡所謂的「空白」指的是「未知的事物」。如「開場白02」所介紹的，由於人類在無意識中追求「安心、安全」，所以不喜歡無法控制的「未知的事物」。

若想要有效使用大腦的話，請先掌握這三項原則吧。

- **開心、痛苦原則**

  →腦會追求開心並且閃避痛苦（參照「開場白04」）。

- **聚焦原則**

  →意識不擅長同時處理兩件以上的事物，因此會產生焦點化現象（參照專欄2、專欄4）。

- **空白原則**

  →當大腦一產生空白，就會設法填補空白（參照專欄3、專欄4）。

※此三項原則是我研究大腦功能後所命名的原則，並非NLP一般所傳授的內容。

程式能夠利用「重新建構」，
或是「次感元改變法」而改寫喔！

第1章

修改程式

創意
虧損
報告
業績

虧損

在本章將針對代表價值觀等等程式，學習修改方法。

從小箱子
逃脫的
魔法訣竅
Story 1
IVER COFFEE
您好，歡迎光臨！
嘎

店長最近精神百倍呢！
跟以前比起來，感覺好像變得比較正面喲。
唉，店長心情好，我們工作起來也比較輕鬆啦！
咖啡很燙，請小心喔。
喀搭喀搭喀搭
呃……業績下降！
沮喪無力
不行不行！
快想想NLP啦！
搖頭
搖頭

利用NLP改變思考方式的話，妳的人生應該就會產生戲劇性的轉變喔！
NLP……
您說的NLP是什麼啊？
那麼，移一下座位吧？
是的！
這邊請！
撥撥撥

所謂NLP是結合語言學與心理學的實踐方法喔！
NLP（神經語言程式學）
N＝神經＝五感
L＝語言
P＝程式
不僅是治療師或諮商師，連運動選手、醫師、律師或是上班族等也都能夠運用NLP，各種領域都能夠使用喔！
將人類透過五感（N）所體驗到的經驗利用語言（L）賦予意義，也就是設定程式（P）。
N＋L＝P
↑設定程式
↑語言
↑五感
是喔～
例如我們吃漢堡，透過五感（N）體驗了「味道」、「氣味」、「聲音」、「溫度」，並以「好吃」的語言（L）賦予意義。
L＝好吃
N＝味道、氣味、聲音、溫度
滋滋響
然後，這些經驗就會被程式化（P）。

這個程式決定了一個人的幸福與痛苦！
也包含痛苦？
沒錯，也包含痛苦。
妳最怕什麼東西？
速答
低吼…
我最怕狗了。
原來如此，那妳是天生就怕狗嗎？
怎麼可能！
小時候，一隻我非常喜歡的鄰居的狗突然咬了我……
我咬
啊
那件事對我衝擊很大，從那時候開始，我只要看到狗就非常害怕而不敢摸狗。
…
慢慢接近
汪！
小型狗
正是如此！
咦？

人類的程式是透過強烈刺激的體驗而產生的，再藉由反覆的行為而固定下來。
刺激
也就是說，「恐犬症」就是透過被狗咬的體驗而產生的程式。
被狗咬
受傷
怕狗
所以不敢接近狗
我咬
哇啊啊
嗚嗚嗚
嚇
定住不動
……
逃跑
然後，人類在無意識中會尋求安全・安心。
安全安心
這就叫做生存欲望。
生存欲望
什麼意思？
人類的大腦裡分為負責做決定的意識與負責行動的潛意識！
意識
無意識
所謂意識就是思考。
當然這也就是語言。妳思考時是用日文思考吧！
初學者
首先…
嗯…A鍵在哪啊？
思考之後才行動。
意識＝思考＝語言
另一方面，潛意識是透過身體或感覺來執行程式。
熟練者
不看鍵盤打字
喀噠
喀噠喀噠
利用身體記住。
潛意識＝身體＝感覺

嗯……那是？
？
妳也怕小型狗嗎？
是啊，我知道小型狗不會咬人，不過無論如何就是沒辦法接近狗。
顫抖
緊抓
呼～呼
嗚嗚
總之就是這麼一回事。
就算頭腦（意識）知道這是小狗，不會有問題，
咬
狗
吠叫
恐懼
但是在潛意識中，身體就是會產生抗拒。
冒汗
這些都是被程式化的潛意識，所發出的危險訊號。
手腳發抖
心臟噗通跳
這是因為身體在潛意識中尋求**安全安心**的緣故。
原來如此。
!
……照您這麼說的話，我的恐犬症不就沒救了？
不是，沒這回事喔。

程式能夠利用「重新建構」，
或是「次感元改變法」而改寫喔！
重新建構？
次感元改變法是什麼東西？
簡單來說，重新建構就是改變意義的意思。
次感元改變法指的是改變五感。
重新建構
既定概念
～的傾向。
陰暗
失敗
討厭
美好
明亮
次感元改變

改變看法。
如果深入瞭解這個過程而做好狀態管理的話，也能夠克服恐犬症！
夢想
擁抱
搞不好連這樣的事也能夠做到喔！
呼！太好了。
當然不是只有怕狗這件事而已喲，所有的事情都適用。
驚！
妳現在煩惱的工作上的事也一樣。
面對各種不同的問題，內心覺得很痛苦。很想做些什麼，卻老是進行得不順利。
每天的忙碌導致妳沒有空閒的時間，新的問題又不停產生。
正是失敗的連鎖效應。
你說的沒錯。
坦白說，最近真的很不想去上班。
這也是被程式化的價值觀喔！
!!
啊！

是這樣沒錯。
如果能夠重新建構的話就太好了……
可是，我不知道該怎麼做才好。
那麼，要不要試試看！
要！
毫不遲疑
現在，妳的痛苦就好像擠在這麼小的箱子裡的狀態。
箱子？
虧損
責任
客訴
壓力
兼差的收入
新商品
每天只顧著處理眼前的事，只能看到眼前的小世界。
責任
虧損
客訴
人際關係
來自上司的壓力
……
沒錯！因為很忙，那也是沒辦法的事呀！

妳這樣，難道不痛苦嗎？
驚！
當然很痛苦啊！
啊！
抱、抱歉！
忍不住就……
沒關係啦！
那麼，請試著以稍微寬廣的視野來看待事物吧！
寬廣的視野？
妳未來的夢想是什麼？
我想開一家像這樣的咖啡店。
沒錯，這也是妳進入IVER COFFEE工作的關係對吧？
是、是的。

請以寬廣的視野來看待事物吧！
現在的經驗是為了培養將來獨立創業時，解決問題的能力。
這不是很值得學習的嗎？
創意
報告
虧損
業績

如果妳把現在的經驗想成學習進步的機會，是不是感覺比較輕鬆？
壓力
虧損
人際關係
責任
是的，
你說的沒錯。
緊握
我明明就是為了這個目的才進入這家公司的……

好累喔
最近只想著這不過就是一份工作，所以做得很不甘願。
不過，如果想到這是為了自己的未來，
或許就能夠稍微正面地思考！
不管任何事都是無色透明的，
透過接觸事件者的過濾器賦予事件意義，事件才開始產生價值。
價值
過濾器
事件
真漂亮
請試著善加利用重新建構的概念吧！
好的，謝謝你。
NLP呀！

確實，這本書……
「危機就是轉機。因著想法不同，人也會變得幸福或不幸。」
也是這樣寫的呀！
IVER COFFEE 感動物語
IVER COFFEE
從那時起，內心時時記得重新建構的概念之後，工作就變得稍微輕鬆一點。
我對NLP開始有點興趣了，再去那家咖啡店吧！
也很想再多聽聽他說話。
那個男生又成熟又帥呢。
呼呼
店長！
大聲開門
啊啊

鈴木，你進門的時候要敲門啦！
抱、抱歉。
那……你說糟了，發生什麼事了？
有客戶在抱怨……
而且是上次客訴的那個人。
竊竊私語
喂！這是怎麼一回事！
這個咖啡是怎麼回事！幾乎沒有味道了啊！
而且店裡太冷了，把溫度調高一點！
您說的沒錯，確實如此。
真的很抱歉。
怎麼辦？店長……沒問題吧？
店長？

妳……怎麼啦？
對了，還有一件事。
透過改變意識，簡單的事情就能夠不斷地重新建構。
只是，也有的事情不容易重新建構。
咦？
陷入框架之中造成視野變得狹窄，而找不到積極向前的觀點時，就不容易進行重新建構。
這個時候……

就要先「解離」，然後再重新建構！
順帶一提，「解離」的相反就是「融入」。
融入？解離？
?
簡單說就像這樣——
喀

根據時間跟場合解離，也就是客觀地看待自己，
如果好好地運用這個技巧就足夠了。
例如什麼時候呢？
例如在咖啡店裡不是要處理許多客訴嗎？
是的！
我經常感到悲觀，
也總是感覺很痛苦！

融入（親身體驗）

就像是進入框架，
充分運用五感
去體驗的感覺。

解離（分離體驗）

就像是離開框架，
從外面冷靜觀看的感覺。

處理客訴時，先不要重新建構導致客訴的事實，
可以先試著從該體驗解離出來。
客訴
這麼一來，妳就會從情感上的痛苦解放，自然地就能夠從眾多的觀點來看待這個問題。
結果，妳就能夠找到正面的觀點，也就容易重新建構了。
解離之後從寬廣的角度……
沒問題！
嚇到
客訴可以先解離然後重新建構，這樣就可以解決！我再也不會是悲觀的人了！
請加油~
意氣風發

結束了～
頭昏眼花
店長今天非常順利地處理客訴呢。
非常冷靜，太好了！
真的嗎？謝謝。
能夠那樣地冷靜應對，
我自己也嚇一跳！

這也是NLP的功勞呢！
什麼客訴處理啊，
若是以前的店長，根本不會發生什麼客訴的事情啦！
比起處理客訴，請先經營出一家不會產生客訴的店吧。
碰！

IVER C
那是什麼態度啊，感覺真差。老鳥真讓人討厭啊！
……
咖啡 冬
原來如此，能夠順利地重新建構了。
不過，與部下溝通不良？
沒錯！
若是這樣的話，只要學會「親和感」（Rapport）就沒問題了！

01 我們無法體驗世界的本來樣貌

●「反應」不是發生的事件，而是因程式而產生的現象

我最早就職的公司，是針對社會人士提供教育研習課程。由於公司也舉辦新進人員研習，或是職場倫理研習等課程，因此員工都會去尋找企業客戶裡足以成爲模範的人物。結果在不知不覺中，養成了關於職場倫理等嚴格的價值標準。

當時，如果我前往風氣開放的公司拜訪，內心就會感到焦躁不安。不過，那也是因爲，我是透過極端的價值標準，來看待企業客戶的員工，所以才會產生那樣的感覺。

被稱爲「完美主義」的人，特徵是擁有許多價值觀，同時每種價值觀的標準都很高。價值觀訂出了「價值標準」，價值標準成爲衡量事物好壞的個人專用尺度。這些尺度也是價值觀這種程式所制定出來，而不是自己選擇的。

也因爲如此，我們才會對於外界發生的各種事件產生反應。換句話說，正是因爲**有價值觀這類的程式，所以才會產生相對應的反應，並不是對於外界發生的事件做出特定的反應**。

●事物的真正價值是「無色透明」的

前面提過，程式是以對「刺激」產生「反應」的形式起作用。假設有恐犬症的人與愛狗人士一起走在路上，並且同時看到小狗。愛狗人士看到狗，是打從心裡感到開心；而恐犬症的人則是因爲恐懼而全身發抖。這裡的刺激指「看到狗」，反應則是「開心」或「恐懼」。如同我一再重複的，對於相同刺激卻表現出完全不同的反應，這是程式設定不同所致，問題不在於狗。

如圖表所示，我們透過價值觀等程式來看待發生的事件，然後產生「好與壞」的評斷，再來才是體驗特定的反應。前述客戶公司的「開放風氣」，沒有好壞之分，「狗」也是一樣。總之，「事件」本身沒有好壞，其價值是「無色透明」的。只不過，我們是透過「程式」（價值觀等）的過濾器來看待事件，所以會對事件產生好或不好的印象。

●對刺激產生反應的是「身體感覺」

此外，很明顯的是，**反應經常是以「身體反應」為基礎**。前述的例子中，患恐犬症的人與愛狗人士的反應，**「開心」或「全身感到恐懼而發抖」等，都是身體感受到的感覺**。

這個「身體感覺的反應」，對我們而言是非常重要的。因爲我們多多少少都是爲了實現「幸福」而生存的。這個「幸福感」不是頭腦想的東西，而是身體感受到的感覺。因此，如果陷入痛苦狀態的話，我們會希望跳脫痛苦，這也是身體所感受到的感覺。

當然，**無論是「幸福感」或「痛苦狀態」，都不是事件本身製造出來的，而是透過「過濾器」所產生的感受。**

事件是無色透明的

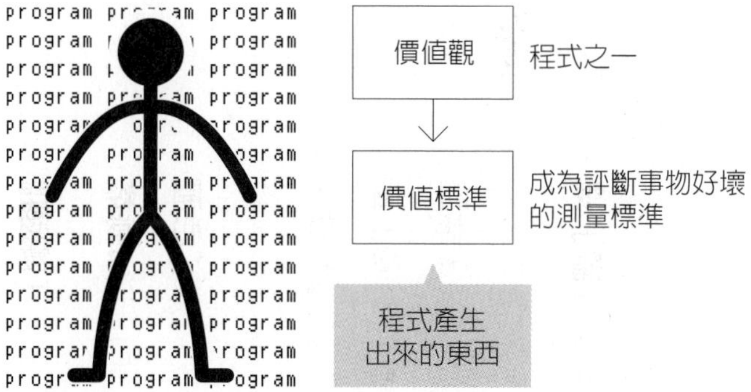
program
價值觀
程式之一
價值標準
成為評斷事物好壞的測量標準
程式產生出來的東西

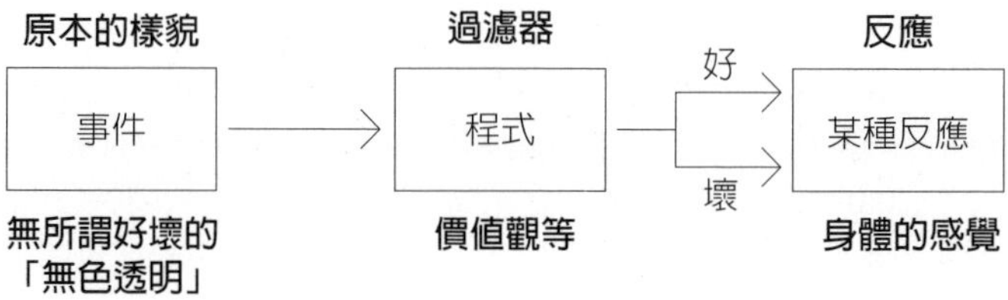
原本的樣貌
事件
無所謂好壞的「無色透明」
過濾器
程式
價值觀等
好
壞
反應
某種反應
身體的感覺

02 產生價值觀的過濾器的真面目

價値觀（程式）多半是很久以前產生，並存在腦中的「過去記憶」。

例如，我們回想起「過去記憶」的時候，腦海裡會重現曾經體驗過的「影像」或「聲音」。不過，我想大家都明白，這些只不過是腦中產生的影像，而不是在這瞬間產生的現實。

然而當我們看到腦中重現的影像時，內心還是會感到歡喜或悲傷，這是「身體感覺的反應」。因爲**大腦無法區分現實與印象之故**。這就是我們會誤以爲覆蓋了印象的世界就是現實世界的原因。我提過許多次，小狗本身並不可怕，只不過是加諸於狗的印象（價値觀等程式＝過去的記憶），讓我們誤以爲狗這種動物很可怕。

順帶一提，這裡所謂的身體感覺反應包含了兩方面，分別是內在感受到的興奮感、恐懼感，以及因興奮而產生心跳加速、冒冷汗等具體的身體反應。

大腦無法區分現實與印象

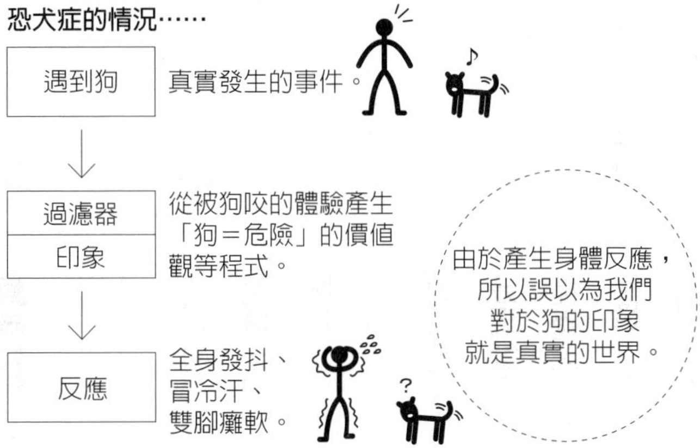
恐犬症的情況……
遇到狗
真實發生的事件。
過濾器
印象
從被狗咬的體驗產生「狗＝危險」的價值觀等程式。
反應
全身發抖、冒冷汗、雙腳癱軟。
由於產生身體反應，所以誤以為我們對於狗的印象就是真實的世界。

無論位於現在所處的現實，或是回想過去的記憶時，我們都會產生身體反應。

例如，如果實際咬了一口檸檬，檸檬的酸味會令我們分泌大量的唾液。同樣地，光是想像咬檸檬的畫面，也會感覺到實際咬檸檬時感受到的酸味，而分泌大量的唾液。就像這樣，無論是對於現在所處的現實，或是回想過去的回憶或想像時，都會引發身體反應的產生。

這就是「大腦無法區分現實與印象」的證明。也是為什麼我們會誤以為被印象覆蓋的世界，就是現實世界的原因。

03 變化的本質就是身體感覺產生變化

●何謂「幸福的人生」？

「幸福的人」與「不幸的人」之間的差別在哪裡？

如果你仔細玩味的話，就會明白幸與不幸，跟地位、名聲或是年收入、擁有的物品等無關。有人即便被稱爲成功者，擁有用不盡的財富，也可能會因爲人際關係不順遂而感到苦悶。另一方面，也有的人雖然貧困，但是因爲從事自己喜愛的工作，因而內心感覺到富足。

最重要的一點是，在社會上獲得成功與得到幸福，不見得會呈現相等的關係。

如果你深入探討「幸福人生」，並仔細思考，就會明白幸福人生就是「感覺幸福的時間比較多的人生」。所謂「幸福」便是「身體」感受到的「感覺」。所以，若想要人生變得幸福，不就是要「增加感覺富足的時間」，並且「減少感覺壓力的時間」

嗎？

因此，**若想要過著富足的人生，學習「控制身體的感覺」是非常重要的**。

就像這樣，**「變化的本質」講白了，就是「身體感覺產生變化」**。

例如，有位感到壓力的患者去找心理諮商師，希望能夠尋求解除壓力的方法。所謂「壓力狀態」指身體感受到「痛苦」。如果將痛苦消除，這個治療就算成功。這意味著「身體感覺」產生變化。

假設患者經過詳細的精神分析，也瞭解了壓力產生的原因，但是患者的痛苦情緒或感覺仍舊沒有消除，這個治療就不算成功。

在ＮＬＰ裡有「快速恐懼症療法」（Fast Phobia Cure）的技巧。治療成功與否取決於對於引發特定症狀的「刺激」——「身體感覺的反應」是否會出現。例如「恐犬症」修正成功的話，看到狗就不會產生負面反應。這就是對於某種刺激（這個例子指「看到狗」）「身體感覺的反應」已經產生變化。就像這樣，**從暫時性的變化一直到修正程式為止，「身體感覺」的變化決定治療結果是否成功**。

04 如何讓身體感覺產生變化？

那麼，該如何改變身體的感覺呢？

身體感覺的反應是透過特定的刺激而產生。也就是說，**如果刺激的內容改變，身體感覺的反應就會產生改變**。

●何謂刺激的內容

在這裡，讓我先說明「刺激的內容」。

我們體驗到的事件本身，是沒有標上任何價值的無色透明狀態。不過，由於我們是透過價值觀等程式所產生的印象來體驗這件事，所以會對於該事件產生「好或壞」等反應，這點在前面已經提過。由此可知，**刺激的內容就是「無色透明的事件＋加諸於事件的印象」**。如我一再強調的，「狗」本身沒有好壞之分（無色透明）。不過，「愛犬人士」與「患有恐犬症的人」會以「喜好（價值觀）的印象」來看待狗，所以兩者產生的反應有極大的不同。

意思就是，所謂「改變刺激的內容」，就是改變加諸於「無色透明事件」的「印象」（價值觀等程式）。由於「狗」本身沒有問題，所以**改變我們對於狗的印象就可以了**。

●「眞實」無法改變，不過「印象」可以改變

「眞實」無法改變，不過「印象」可以改變。

例如，雖說考大學時沒有考上理想的第一志願，但是也無法抹滅參加過大學考試的事實。因爲沒有考上目標大學的事實是「眞實」事件。不過，若說對於參加大學考試感到後悔的話，這個「後悔的心情」（身體感覺的反應）則是可以改變的。因爲「後悔的心情」是「因大學考試的印象」而產生的。我要一再提醒，「事件」（在此指大學考試）本身是無色透明且無所謂價值。所以，只要消除「後悔的心情」（身體感覺的反應），這個狀況就再也不是問題了。

就像這樣，當加諸於事件的「印象」改變，決定事件價值的「身體感覺的反應」也會跟著改變。

05 產生變化的兩種突破方式

●我們對於人也是透過印象看待

「記憶」（價值觀等）產生印象，阻礙我們如實地體驗事件。我們看待他人的時候也是如此。

例如，有的人喜歡美國演員，也有的人喜歡韓國演員。雖然不同族群的膚色或感覺等特徵差異很大，不過卻無法評論何者較優。在這樣的情況下，不會因爲國籍或膚色而產生孰優孰劣的絕對價值，而是「無色透明」的眞實看待。

這表示如果我們能夠改變「在潛意識中加諸於事件的印象」，也就能夠改善人際關係。因爲人際關係之所以會產生問題的根本原因，是自己的看法與對方的價值觀完全不同。

那麼，該怎麼做才能夠改變價值觀的印象呢？

答案很簡單，只要改變「印象」或「意義」就可以了。

●如果「印象」與「意義」改變，加諸於事件的印象也會改變

如果試著研究我們的「反應」（身體感覺的反應）的話，就會明白我們面對事件或他人時，是根據某種特定「印象」，或是價值觀所做出的「定義」而有的反應。

讀者閱讀至此，應該非常清楚地瞭解，是「意義」產生「反應」。換言之，是價值觀產生特定的「意義」，而讓我們感覺到好或壞的。

然後，「印象」就跟著產生。

例如，與父親關係惡劣的人，通常在生理上就無法接受與父親長相或感覺類似的上司。**「頭腦」**（**意識**）能夠瞭解這個人是公司的上司，不是父親本人，但是**「身體感覺」**（**潛意識**）就是會感覺不自在。在這個例子中，不僅「眞實的父親」的存在會產生影響，連父親的樣貌（印象）也會引發負面反應。所以僅僅是長相與父親類似的人，也會在我們的潛意識層面中被判定爲危險對象。

如果回想起程式是如何產生的，理由就顯而易見了。「恐犬症」是因爲發生與

狗相關的負面體驗而產生的。不過，如前面已說明過的，潛意識爲了確保「安全、安心」，所以會「學習」。當然，潛意識必須先設定看到狗就想要逃跑的程式，這樣才會對於狗的「樣貌」（印象）產生反應。因此，潛意識便設定一旦看到狗的「樣貌」（印象），就會自動地感覺恐懼的程式。

●人類經常為沒有實體的印象所苦

如上所述，我們體驗某種事情時，會對於特定的「意義」與「印象」產生反應。不過，這些只不過是與「事件本身」沒有關係的印象而已。只是「大腦無法區分現實與印象」，所以我們會誤以爲這是現實而產生「身體反應」。

眞實無法改變。不過，印象是「沒有實體的東西」，所以能夠改變。因此對於人類而言，這將是非常大的希望。

假如人類經常感到痛苦的不是「事件本身」或「人類本身」，而是沒有實體印象的，這就意味著我們能夠讓各種痛苦的感覺產生改變。

能夠讓各種痛苦的感覺產生改變

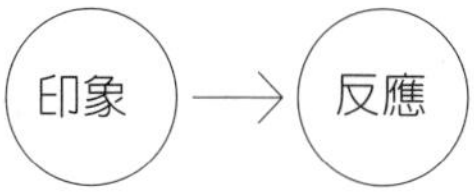

例如，與父親關係不好的人，在潛意識層面上不僅會設定「父親＝危險」的程式，也會設定「與父親長相相似的人＝危險」的程式。這是潛意識為了確保「安全、安心」所「學習」到的內容。因此，一旦遇到與父親類似的人，就會想要逃離現場、產生厭惡的情緒，或是感覺焦躁不安等等，出現各種身體反應。

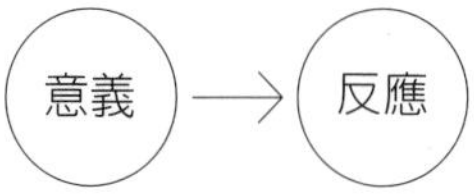

「價值觀」等會產生特定的「意義」，讓人感覺好、壞。例如，被性子急的母親帶大的人，會培養出「任何事都必須快點解決才行」的價值觀。這樣的人與優柔寡斷的人溝通時，就會產生非常焦躁不安或生氣等身體反應。

該怎麼做才能夠改變被我們賦予意義的印象呢？

↓

改變「印象」或「意義」就可以了。

06 何謂重新建構？

●我的「重新建構」體驗

我在學生時代曾經在餐飲店打工。當時，我本來是想像著可以和樂融融地與一起打工的夥伴開心工作，於是找了那家餐飲店。但是，我卻被調去當大廚的助手。那位大廚從骨子裡就是職人的氣質。店裡的菜色種類衆多，而且每一道菜都必須精心烹調，所以對於新手的我而言，是一份極爲複雜的工作。除此之外，大廚對於工讀生也毫不留情地嚴格訓練指導。

另一方面，同樣是打工卻被調到外場工作的人，就可以跟工作夥伴和樂融融地開心工作。看到這樣的差別，讓我不得不埋怨，爲什麼只有我一個人要受這樣的苦，心情越發感到憂鬱，每天都想辭掉這份工作。不過，有一天我又因爲屢次犯錯而被罵到快哭出來時，大廚對我說了一句話，讓我完全轉變我的心情。

內容大致是：「正因為是複雜的工作，所以必須時時保持高效率的工作狀態。」、「在這樣的工作環境下，判斷力與安排能力都會提升。」然後他又對我說：「如果能夠藉由這樣的工作提高你的判斷力與安排事情的能力，以後進入社會不管做什麼工作都會成功。」當時狂妄地希望未來成為實業家的我，一聽到這話，心情瞬間轉變。感覺「煩悶的工作」正是為了將來成為實業家的有意義訓練。

這是我體驗過印象最深刻的變化之一。在那之後，大廚還是一樣嚴格地對待我，但是我卻不覺得那麼辛苦了。工作內容完全相同，但是加諸於工作的「架構」（框架）改變了。以結果來說，明明工作內容都一樣，但是「感覺」（身體感覺的反應）卻完全改變了。本書故事的主角小舞，她的情況也是如此。每天為了工作忙得不可開交，原本痛苦的心情也因為看法改變，看清楚這份工作對未來有幫助，自己瞬間就變得能夠以正面的態度看待工作。**如上所述的，NLP將改變事物的架構（框架），稱為「重新建構」**。

我想讀者應該明白。所謂事物的架構（框架），就是我們加諸於「無色透明的事件」的印象（意義）。「餐飲店大廚的助手工作」如果沒有加上任何印象的話，是不會有「好、壞」之分的。以我來說，因爲我加上了「想要開心工作」的印象，而來這家餐飲店工作，然而工作內容不如原先的預期，所以我才會感到痛苦。不過，如果把這樣的工作看做是爲了將來能夠成功所進行的訓練，自己就能夠感受到這是成長的機會。

事件的價值是「無色透明」，所以可能會被貼上無數個意義標籤。然後就像「X」（事件）＝「Y」（意義）那樣，透過加在Y的意義（解釋），而決定了「身體反應」。

通常樂觀的人，無論遇到什麼樣的狀況，都會以正面的態度面對事物，總是過得很開朗；相反地，悲觀的人就算生活十分富裕，也總是看到不足的部分，而感到不平與不滿。不管發生什麼事，因著人對於事件的解釋不同，感受（身體感覺的反應）也可能產生改變。

這時，希望讀者要確實理解一件事實，那就是**「（X）事件」一直都是「無色透明」的，身體感覺的反應是「（Y）透過價值觀加諸於事物或事件的印象（框架）」而產生出來的**。（X＝事實）沒有變，不過（Y＝意義）怎樣改變都行。還有，意義只不過是印象。如果印象好轉，心情（身體感覺的反應）也會隨之改變，這是因爲大腦無法區分現實與印象之故。

「重新建構」＝改變事物的架構

無色透明的事件	→	事物的架構（框架） ‖ 印象（意義）	→	身體反應

例如……

當嚴格大廚的助手複雜的工作 → 希望和樂融融且開心地工作（但是辦不到） → 痛苦 憂鬱

↓

重新建構：為了將來獲得成功的訓練 → 感覺沒有那麼痛苦了

工作失誤 → 失敗 自己是沒有用的人 → 沮喪 失去幹勁

↓

重新建構：這是為了下次的工作所做的學習 是成長的機會 → 變得有活力 產生幹勁

人類有種特質，對於「事件」會像是X（事件）＝Y（意義）那樣，賦予極端的意義來體驗此事件。因此，透過套用於Y的意義（解釋），而決定了「身體反應」。不過，無論是什麼樣的事件，都有可能隨著解釋的不同而改變感覺（身體反應）。

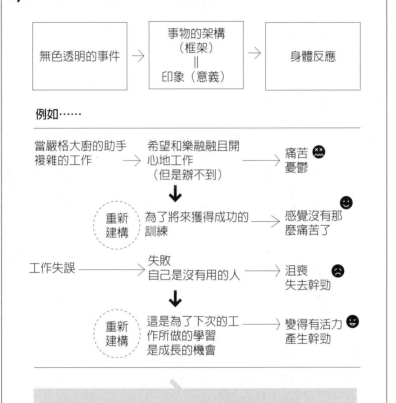

07 在非常痛苦的狀況下進行重新建構的方法

重新建構可以透過改變X（事件）＝Y（解釋）的Y（解釋）而達成。這點我已在前面說明過了。當你感覺「有點不愉快」時，光是這麼做就足以讓心情變得開朗。

若是這樣的話，「非常痛苦的情況」應該也是一樣，具有重新建構的價值吧。不過，其實在相當痛苦的情況下，光是利用「第一章06」所說明的過程，是不容易做到重新建構的。在本單元中，我將介紹就算是處於痛苦的情況下，也能夠重新建構的方法。

我一直以來都詳細地觀察善於重新建構與拙於重新建構的人。在這當中發現了很重要的重點——

善於重新建構的人的共同特徵是，他們在重新建構之前，會無意識地將自己所處的狀態，轉變為容易重新建構的狀態。這在NLP中稱爲「解離」（分離體驗；

●「融入」與「解離」

Dissociate）。

所謂「解離」，簡單說就是從外在客觀地觀察自己本身的狀態。而「解離」的相反是「融入」（實際體驗；Associate），指狀態沉浸在狀況之中。經研究瞭解，**若是無法進行重新建構，多半是處於相當強烈的融入狀態。**

●處於非常痛苦的情況時，容易形成強烈的融入狀態

說起來，處於非常痛苦的情況時，人都是非常情緒化，也就是處於融入狀態的。變得情緒化表示會看不清楚自己，這就是沉浸在負面、視野極爲狹隘的狀態。例如小舞雖然被拔擢爲店長，但是因爲業績不好而覺得痛苦，她就是處於這樣的狀態中。在這樣的狀態下，她完全被情緒影響，所以沒有多餘的精力控制自我。另外，沉浸在狀況之中，表示她的視野變得狹隘，而難以發現正面的觀點。

因此，**「在非常痛苦的狀況下」而處於強烈的融入狀態時，請直接放棄想要重新建構的想法，先努力從這樣的狀況中解離出來。**假如能夠順利解離，就比較能夠做到重新建構。

●若是處於解離狀態，就能夠輕而易舉地重新建構

解離狀態就是離開狀況之外，並且客觀地觀察的狀態，因此能夠從容地控制自己而不被情緒影響。另外，由於離開了狀況，所以看得到狀況的全貌。以結果來說，比較容易發現正面的觀點。

如左頁所示的，融入、解離各有其優缺點。大部分的人都是擅長其中一種狀態，不擅長另一種狀態。不過，理想的狀況是，能夠在必要時瞬間切換這兩種狀態。

另外，融入、解離不只用在重新建構上，其實也是ＮＬＰ各種技巧的基礎。比例上來說，這兩種狀態的精確度越高，ＮＬＰ的作用（練習）效果也越好。「第一章08」介紹了體驗「融入」、「解離」的練習。這就像是武士道固定招式的基礎練習，請讀者一定要重複練習。

融入與解離

融入（實際體驗）

沉浸在狀況之中的狀態。無法「重新建構」時，多半是處於「非常痛苦的情況」，而呈現強烈的融入狀態。

解離（分離體驗）

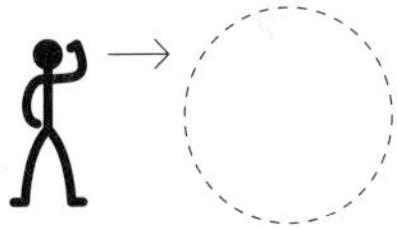

離開狀況，客觀地觀察的狀態。
能夠以寬廣的視野客觀地觀察。

融入	好處	就算是些微的小事也能夠感覺喜悅。 利用融入，回想美好的體驗，能夠維持行動的動機。
	壞處	變得情緒化而迷失自己。一旦陷入負面狀態，視野就會變得極為狹隘。
解離	好處	能夠客觀地觀察狀況。 不被情緒影響，能夠從容地控制自己。 由於看得到整體狀況，所以容易找到正面的觀點。
	壞處	與融入的狀態相比，較難感受到喜悅等「愉快的情緒」。

對於「非常痛苦的狀況」處於強烈的融入狀態時，直接放棄想要重新建構的想法，先努力從這樣的狀況中解離出來。

08 練習融入與解離

你能夠利用語言，讓不曾吃過砂糖的人瞭解砂糖的甜味嗎？如果你稍微思考一下，就會明白這是極爲困難的任務吧。

不過，讓對方瞭解砂糖甜味本身的動作其實很簡單。「這是砂糖，請嚐嚐看。」只要給對方砂糖，請對方體驗一下就可以了。比起研讀數本關於砂糖的專業書籍，請對方吃砂糖的體驗，更能夠在極短的時間內，深刻地瞭解砂糖的甘甜是什麼味道。

就像這樣，瞭解分爲「以頭腦知道的程度」與「體驗並實際感受的程度」。「頭腦」是意識層面，「身體」是潛意識層面，這在前面提過。所謂「體驗」指運用全身學習，所以表示這是潛意識層面的學習。

NLP也是一樣，以頭腦理解與體驗技巧（練習）確實感受，兩者之間的差異如天壤之別。請務必透過左圖的練習，仔細體驗「融入」與「解離」。①～⑤是解離，⑥～⑧是融入的過程。

練習：融入與解離

①首先，想像眼前有個「電影螢幕」。

②鎖定一個以前曾經體驗過的「非常開心的畫面」。（例如結婚典禮的畫面等。）

③假設請某人以錄影機錄下這段「非常開心的體驗畫面」。（因此，這個錄影畫面中有自己的身影。）

④將這份以錄影機錄下的影像，放映在眼前的「電影螢幕」上，並且觀看內容。（就像是從觀眾席上看著自己非常開心的影像。）

⑤宛如看別人的故事般，客觀地看。

⑥先體驗⑤之後，接著在自己腦中整理，讓電影螢幕中開心的自己與意識結合。（把自己的意識從觀眾席移到螢幕中的自己。）

⑦完完全全成為螢幕中開心的自己。回想當時的情景，清楚地觀看「看得到的風景」、聆聽「聽得到的聲音」、實際感受「當時的感覺或情緒」等。（現在的你看不到眼前的自己。就好像搭乘時光機回到過去一樣，化身為當時感受到喜悅的自己，全力地運用五感體會。）

⑧體驗一下⑦之後，再將意識轉回現實。

09 何謂次感元改變法（改變五感）？

●問題不在於發生的事件，而是與事件有關的印象

若想要產生變化，只要改變「意義」或「印象」就可以，這已經在前面提過了。此外，我也說明過，改變「意義」就可以產生變化，方法就是重新建構。本單元將介紹利用改變「印象」以產生變化的方法——次感元改變法（Sub-modality Change；改變五感）。

重新建構的重點是區分「事件」（X）與「意義」（Y），然後改變「意義」。事件本身是無色透明，沒有被定義任何價值，所以改變是有可能的。

同樣地，**次感元改變法（改變五感）的重點，也是將事件與「貼付在事件上的印象標籤」分開思考**。只要「印象」改變，身體感覺的反應也會跟著改變。

那麼，若想要改變「印象」，具體來說該怎麼做呢？

那就是**改變五感資訊**。

理由是因爲，**印象就是藉由「看到的」、「聽到的」、「感覺到的」五感資訊所構成的**。

例如前述中提到的，對於「父親」有負面印象的人，就算看到「與父親長相相似的上司」也會感覺不自在。像這種情況，問題並不在於「與父親長相相似的上司」，而是「上司與父親相似的容貌（印象）」。因此，如果試著在腦中回想那位上司，改變腦中對於上司的印象（五感資訊），不自在的感覺就會減少。

●「印象」只不過是腦中的想像，所以能夠在腦中自由編輯

首先，讓我來說明最簡單的次感元改變法（改變五感）之執行方式。例如，當我們腦中想到難以應付的上司時，腦中浮現的應該是上司的「表情」、「姿勢」、「服裝」、「背景顏色」吧。試著在腦中用力地大幅改變這些浮現在腦中的印象。例如試著把「表情」改爲親切的笑容，如果那人在腦中的印象相當灰暗，就將背景顏色轉換爲閃閃發亮的金色。訣竅是自由地享受這個改變的過程。

10 練習次感元改變法（改變五感）

●「改變五感」的四個步驟

步驟①

首先，請先鎖定一個自己難以應付的人。初次練習的人請選擇程度較輕的對象。因爲與重新建構一樣，如果負面意識過於強烈等融入狀態太強，就不容易改變。

步驟②

其次是清楚地確認難以應付的這個對象的印象位置或顏色。

特別是，在這裡要將印象的「①位置」（距離）、「②大小」、「③顏色特徵」、「④動態影像或靜止畫面」等四個觀察點一一地定義清楚。

「①位置」（距離）→（　　）	「②大小」→（　　）
「③顏色特徵」→（　　）	「④動態影像或靜止畫面」→（　　）

舉列來說，假設你選擇難以應付的上司作爲改變對象，首先要在腦中回想上司這個人。這麼一來，你就一定能夠鎖定腦中印象所看到的「①位置」（距離）。例如你可能在三公尺遠的距離看到印象中的人物，近的話可能只有五十公分左右也說不定。另外，有時候位置偏左邊，也有的時候偏右邊。

更進一步就是清楚地感覺出「②大小」、「③顏色特徵」、「④動態影像或靜止畫面」等實體感受。例如「②大小」大約是實體的百分之八十，只看得到上半身。「③顏色特徵」是黑白，「④動態影像或靜止畫面」是動畫等等。

步驟③

接下來就是改變步驟②中鎖定的「五感」特徵。這時要以數值表現各個特徵改變後，來訪者不自在感的減緩程度。這時可測量出每個特徵之不自在感的減輕程度。

「①位置」（距離）↓（更改部分……）↓（變化程度10分↓分）
「②大小」↓（更改部分……）↓（變化程度10分↓分）
「③顏色特徵」↓（更改部分……）↓（變化程度10分↓分）
「④動態影像或靜止畫面」↓（更改部分……）↓（變化程度10分↓分）

例如，如果腦中的人物看起來距離有一公尺遠的話，試著慢慢地將印象中人物的「①位置」（距離）移到十公尺遠的地方。這麼一來，你對此人物的印象當然就會改變，大部分的情況下，這樣多少會減輕一些不自在的感覺。**在這個階段，就算感覺印象模糊也沒關係，將減輕的程度（變化程度）化為數值記錄下來。**例如感覺有點放鬆，就寫八～九分（減一～二分）。依照情況而定，有時候也會大大地感到輕鬆。這時就塡寫二分或三分（減七～八分）。

在改變「①位置」（距離）後，就會明顯看出不自在感的減緩程度。**接著，將暫時改變的「①位置」（距離）的「五感」回復原來的狀態。**以前面的例子來說，就是把本來位於一公尺遠的距離改爲十公尺遠，然後再把此距離改回原來的位置（一公尺遠）。透過這個練習就可以清楚地分辨「五感變化」之重要程度。

就像這樣，在步驟③依序地改變「①位置」（距離）↓回復原狀↓改變「②大小」↓回復原狀↓改變「③顏色特徵」↓回復原狀↓改變「④動態影像或靜止畫面」↓回復原狀。

順帶一提，關於「②大小」的改變，基本上只要把尺寸變小就好了，至於「③顏色特徵」的改變，如果看得到顏色，就試著改爲黑白或是自己最喜歡的顏色，光是這麼做也很有效果。「④動態影像或靜止畫面」的改變，如果看到的影像是動態畫面，就把動態影像停止，像拍照那樣擷取其中一個畫面即可。

步驟④

最後，重複幾個特別有助於減輕不自在感的「五感」，並加以改變，這樣整個過程就可以結束了。例如先改變位置爲十公尺的距離，再改變顏色成爲黑白等等。

●改變「五感」就是編輯記憶

那麼，這麼簡單的動作眞的能夠產生變化嗎？或許有人會有這樣的疑問。其實，如果能夠精確地改變「五感」，甚至連「恐懼症」都能夠治癒。實際上治療創傷或改寫根深蒂固的信念等高度ＮＬＰ練習，也只不過是爲了有效且安全地進行「改變五感」，再加進來的特別步驟而已。

前面提過，腦內程式的結構將「五感資訊」轉爲「刺激」，並且引發特定的「反應」。反過來說，當「刺激」（五感資訊）的質改變，「反應」的質也會跟著改變。

程式本來就是以「特定的五感資訊＝好（壞）」的形式記憶在腦中。而且，更驚人的是，**該記憶就如同電腦的資料，能夠覆蓋、保存**。前面提過，我的重新建構體驗中，當「事件」（X）＝「意義」（Y）的「意義」（Y）改變時，就算還是做相同的工作，感受也會完全不同。這意味著事件的意義是會被改寫保存的。在這裡，最重要的觀點是**「大腦會將最新發生的事情視為真實」**。

假設十年來與某位朋友感情一直不好，但是最近見面時兩人修復關係的話，對於朋友的印象應該會變好吧。反過來說，就算這十年間與朋友感情維繫良好，結果最後一次見面時撕破臉而絕交，對於朋友的印象一定很差。就像這樣，人際關係的最後印象（最新印象）很重要。

同樣地，**如果改變特定人物或事件的印象（五感），這就會是最後留在腦中的印象**。因此，假如能夠透過「改變五感」將對於特定人物的不好印象改爲幽默風趣的印象，下次就算遇到此人，也不會產生厭惡的心情。就像這樣，**我們能夠透過改變「五感」來編輯腦中的記憶**。這件事如此簡單，不過，人類出生時並沒有帶著「大腦的使用說明書」，所以我們才會不知道方法而無法執行而已。

● 印象隨時都能夠改變

重拾以前寫的日記閱讀，回想「過去體驗的事件」或是「曾經親近的友人」時，此記憶應該是隨著五感的資訊一起浮現腦中的。日記是以語言構成的，不過，如果一字一句閱讀，爲了理解字句，腦中就會自然地回想起附加在語句的體驗（五感資訊）。因此，當我們讀到或聽到「山」這個字時，被無意識喚起的印象就會因每個人的體驗而大不相同。

就像這樣，我們想要理解某件事時，只能透過以往的體驗來瞭解。體驗（記憶）是理解某件事的基礎，我們稱之爲「參考體驗」。然後，貼在「參考體驗」上的「意義」與「印象」標籤，則決定了體驗的事件或相遇的人之價值。**因此，若「參考體驗」的「意義」與「印象」改變，看世界的觀點應該也會完全改觀**。如我不斷強調的，「事件」是事實，「意義」與「印象」只不過是腦中的想像。請別忘記，**這些都只是腦中的想法，一切都可以任由我們隨意編輯**。

11 察覺「五感」的祕訣

利用「第一章10」開始的練習，從「位置」（距離）、「大小」、「顏色特徵」、「動態影像或靜止畫面」等角度，清楚確認「五感」。而清楚確認「五感」的目的，是為了將焦點放在這些觀察點上。

當我們想起特定的事件或人物時，腦中一定會產生該事件或人物的印象（五感）。不過，平常我們對於事件或人物總是模糊地看待，所以印象也是模糊的。**像「動態影像或靜止畫面」等細部特徵，都是把焦點放在這上面之後才會發現的。**

察覺「五感」之特徵後，才能夠進行修正。說起來，沒有察覺到的東西就算想控制也沒辦法。在這樣的意義下，利用左圖進一步地透過許多項目，詳細且清楚地確定「五感」就很重要了。

另外，**若想要突顯五感的狀態，比較正反兩面的特徵是很有幫助的。**就像喝不同的紅酒來比較，才能夠發現紅酒之間的微妙差異，又好像對「難應付的人」與「喜歡的人」之五感的感受，也是透過比較之後才會清楚地看出差異。

發現五感（次感元）

	喜歡的人	難應付的人
①印象的位置		
②距離		
③大小		
④整體／一部分		
⑤明亮（陰暗）		
⑥清晰度		
⑦彩色／黑白		
⑧平面／立體		
⑨動態影像／靜態畫面		
⑩其他		

專欄 2

「聚焦」與焦點的使用方法

專欄1介紹大腦的原則之一「聚焦原則」，也能夠運用在狀態管理。人們感覺痛苦時，多半會在腦中描繪黑暗的過去或未來。是因為我們這時只把焦點集中在黑暗的印象而已。如果把焦點改為開心的往事，身體所感覺的痛苦就會中止。

也就是說，在腦中改變焦點，就像是轉換電視頻道一樣，在腦中切換描繪的影像。例如我們在電視上看到報導黑暗事件的新聞節目時，因為畫面與聲音讓我們心情低落。不過，當我們把電視頻道轉到綜藝節目之後，看到喜歡的搞笑藝人的臉，再聽到觀眾的笑聲，心情瞬間就變得開朗起來。換句話說，只把一個焦點集中在某件事的話，狀態就會改變。

「焦點的選擇」就是「體驗感覺的選擇」。

在第一章中介紹過重新建構，重新建構之所以奏效，也與「聚焦原則」有關。事件最後把焦點集中在哪個面向（意義）？這會完全改變人的感受。因為我們很難同時辨識意義上的「好」與「壞」，因此，一旦焦點集中在好的面向，看到的都是好的一面。這就像是我們對於好人總是能夠看到他許多優點一樣。

店員們好像跟妳有距離喔？

啜……
我明明只是認真工作而已……大家卻都不服我。

第2章 建立信賴關係

本章將從溝通的角度介紹ＮＬＰ。
在溝通中，「建立關係的能力」非常重要。

咖啡
冬
什麼！
那個親和感也能夠改善與部屬的關係嗎？
NLP這東西真了不起呢……
呵呵
如何與店裡的員工縮短距離？
Story 2
如果善加運用NLP，別說是跟部屬了，
跟任何人都能夠建立良好的關係！
溝通的基礎是親和感，
親和感指的就是信賴關係。
喀
親和感＝信賴關係
若要說工作效率也與親和感的程度成正比，真的一點也不誇張！

您說的沒錯。如果沒有建立信賴關係，工作就無法如我所願地進行。
嗯……前陣子……
我現在發現我沒有建立好與員工之間的信賴關係……
發生什麼事了嗎？
沮喪
各位辛苦了。
卯月小姐，請妳來一下好嗎？
啊，好。
各位辛苦了。
剛剛我不是請妳收拾善後？
妳還沒收拾好嗎？
那個……
妳有什麼理由嗎？
我……
抱、抱歉。
不耐煩
我……

驚！
總之！
交代妳的事情請確實做好！
是、是的。
我一味地對她生氣，一定傷害下屬很深吧……
所以大家都感到很害怕……
驚弓之鳥
有事也不會對我報告，
我跟下屬之間完全沒有信賴關係可言……
啜……
我明明只是認真工作而已……
大家卻都不服我。
啊！抱歉！
喝……
店員們好像跟妳有距離喔？

是的……
所謂距離遠的狀態，也就是對方內心封閉的狀態，
在這樣的狀態之下，不會接受別人所說的話！
討厭
距離
總之，若想要讓別人接受妳說的話，親和感是必須的！
那！那！
迫近
我應該怎麼做才好？請教教我！
當然，如果能夠縮短距離就好……
嗯嗯
我看看……
東張西望
對了，妳總是點藍山咖啡對吧？
咦？
是的。

我非常喜歡藍山咖啡的香味……
真是奇妙啊！
我也最喜歡藍山咖啡，
因為太喜歡了，所以還曾經跑到產地牙買加去呢！
什麼！真的嗎！
這是那時拍的相片。
哇！好棒喔！
建議妳一定要去看看，牙買加是非常棒的地方喔！
我也好想去啊～！
眼睛發亮
如果妳想去，我就介紹幾個參觀地點給妳。
啪
好了——
咦？
雖然有點強迫，不過我現在就是在建立我們之間的信賴關係。
咦？怎麼說呢？

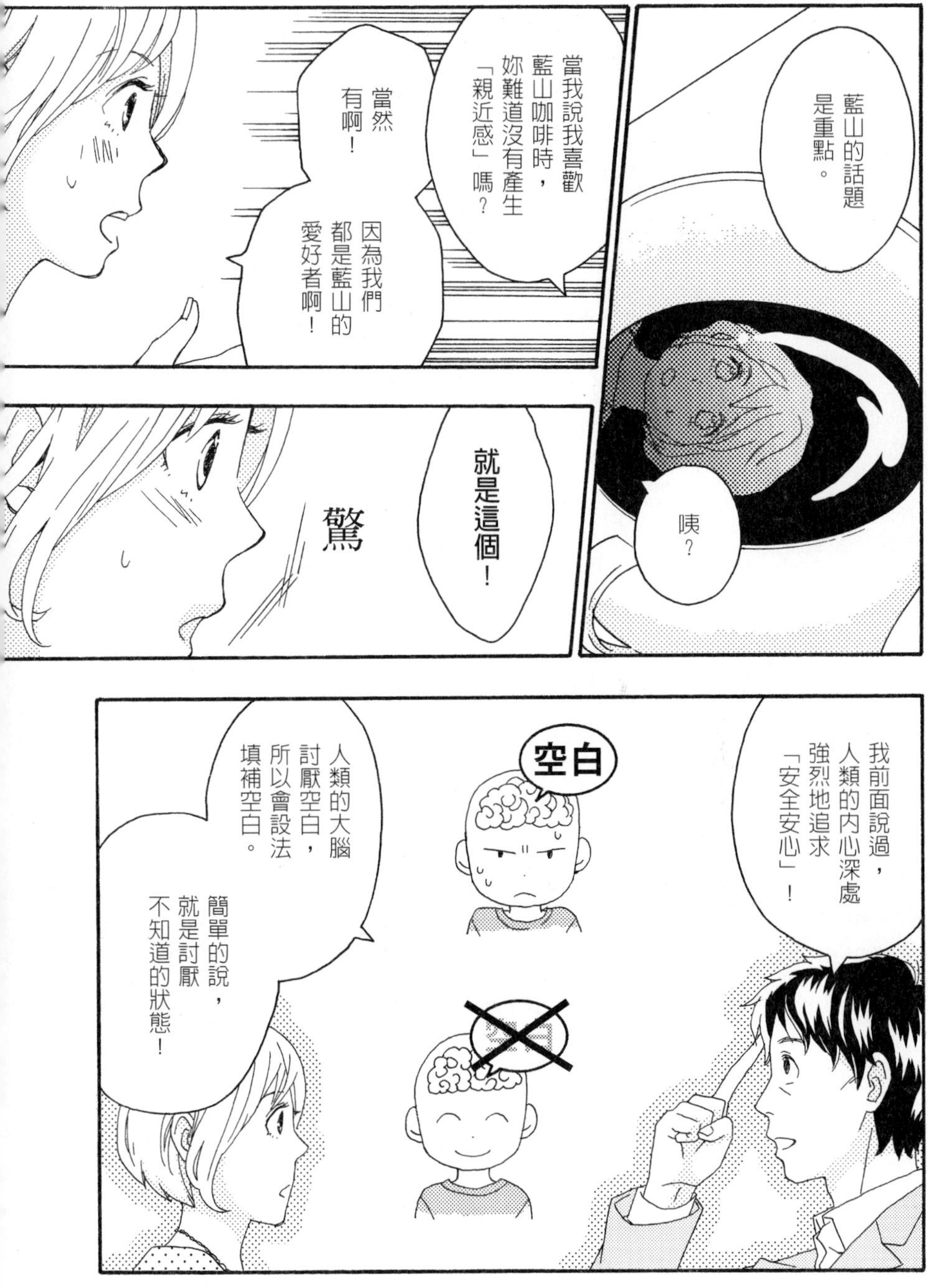
藍山的話題是重點。
咦？
當我說我喜歡藍山咖啡時，妳難道沒有產生「親近感」嗎？
當然有啊！
因為我們都是藍山的愛好者啊！
就是這個！
驚
我前面說過，人類的內心深處強烈地追求「安全安心」！
空白
人類的大腦討厭空白，所以會設法填補空白。
簡單的說，就是討厭不知道的狀態！

例如，為什麼我們覺得鬼很可怕？
那是因為我們不知道鬼到底是什麼東西的緣故！
所以大腦會加上鬼是被詛咒，不能超生的冤魂之類的理由。
填補空白以尋求安全安心。
轉學之類的情況也是一樣。
雖然討厭陌生的環境，但是大腦為了尋求安全安心而試圖填補空白。
空白
心跳加速
轉學生
於是會請求加入朋友群或是學習當地的語言等。
讓我加入
好啊
相反地，不去學校而窩在家裡，也是為了確保安全安心的例子。
……
總之，「親近感」是大腦為了填補空白，尋求安全安心狀態的手段之一。
親近感
如果與對方有親近感的話，就能夠在短時間之內建立親和感。
是這樣嗎？想不出誰跟我有親近感……
嗯……
妳想想，我們倆的相遇不就是最好的例子嘛！
咦？

這本書不就是我們的共通點嘛！
嚇！
經您這麼一說！
IVER COFFEE 感動物語
新妻政宗 著
IVER COFFEE
我看到這本書之後產生親近感，而且我們倆之間的距離不也縮短了嗎？
PAN
創業史
妳讀得很透徹呢！
啊……
成員當中的核心人物新妻政宗，到現在都還是公司內的傳說人物喔。
說啊！
是真的啦！
確實……
那麼，
！
就是這樣！
客戶也是一樣，一旦產生親近感就會敞開心胸，然後就容易溝通了。
善於銷售的業務員與初次見面的客戶洽談時，就不會一下子就切入公事囉！
首先，跟客戶閒話家常，找出與自己的共通點。
您的興趣是？
您去看足球賽了嗎？
您是哪支隊伍的粉絲呢？
我也是耶
這樣不就建立起親和感了嗎？
原來是這樣啊！
原來是這麼一回事！

建立親和感其實非常單純，只要同步就可以了。
所謂同步……
同步是什麼？
嗯嗯
啊！
已經這麼晚了，抱歉，其他的下次再談。
什麼！
厚——都已經進入重點了……
切—
幾天後
歡迎光臨。
IVER COFFEE
嗯——
要點什麼好呢？
IVER COFFEE
DRINK
Short
Espresso 350 380
Caffè Americano 300 350
Cappuccino 350 380 400
Caffè Latte 350 380 400
Cafe Au Lait 350 380 400
Caffè Mocha 380 420 400
Caffè Macchiato 350 380 450
Caramel Macchiato 380 420 400
Soy Latte 350 380 450
English Tea 350 380 400
抹茶Au Lait 350 380 400
TOPPING

英文我看不太懂耶，
怎麼辦？
請問您想喝什麼口味的咖啡呢？
咦？
我想喝甜甜的，溫溫的飲料。
這樣的話，那麼點這個如何？
眞好喝呀！
店長，抱歉，又有客訴了。
來了來了！

請各位為了客戶，要確實地用心工作！
今天又是犯了相同的錯誤被客訴了！
如果站在消費者的立場來想，這種錯誤就應該能夠事先預防！
IVER COFFEE
CLOSE
……
……
小聲說
我可不覺得我有什麼錯。
靜
默
夏野小姐，有什麼意見請妳說清楚。
我說過很多次了，要做一家不會被客訴的店。

我……
我知道……
如果妳的想法行得通，我們也就不用這麼辛苦了。
總之，我們每一個人都要確實用心，揣摩客戶的心情來工作！
喀踏喀踏
喀踏喀踏
STAFF ROOM
咦？店長還在喔？
我今天想做到打烊。
我說，夏野小姐真的很煩耶，就算她很資深，也不需要用那種態度對店長。
她說的話，我真的……
完全不懂。
……

妳說妳不懂她說的……秋山，妳記得夏野說了什麼嗎？
咦？
那個……
抓抓
她說什麼啊？
哈哈！
太遠了！
我跟夏野小姐的距離太遠了！
所以她說的話沒有傳到我的耳朵裡……
那會怎樣嗎？
因爲我跟夏野小姐沒有建立親和感的緣故呀！
坦白說，夏野小姐的意見我也是聽過就算了。
我說過好幾次了。
不過，我想我也……
緊握

讓各位久等了。
沒有跟大家（店員）建立親和感。
那是因為……
我（店長）的聲音也沒有傳到大家（店員）的腦子裡！
所以我才必須一直提醒不斷重複的相同失敗……
只是，我不知道要怎麼建立這麼重要的親和感。
最近他沒來咖啡店，所以沒辦法討論。
若想要跟每個店員建立親和感的話……
IVER COFF
要怎麼做到安全安心？
怎麼辦！

哎呀，妳今天怎麼看起來沒有精神呀！
咦？
發生什麼事了嗎？
沒有的事啦，我跟以往一樣都很有活力喔！
您最近經常來我們店裡呢。
外帶是嗎？
我想看看妳才來的。
妳非常和善，又有親近感，
而且妳會配合我的步調用心招待我，所以我覺得很高興。
！
真的嗎？謝謝您。
咦？
親近感？

啊！
該不會建立親和感的重點就是……
就像我對待客人那樣，
由我來配合下屬的步調就可以了？
怎麼了？
妳還好嗎？
?
幾週後
就是這樣沒錯！
這就是同步啦！
太好了！
我看得出妳的理解力很強，我們之間也取得相同步伐，所以我相信妳一定會找到答案。
只要想與對方取得良好溝通，不用誰教，自然而然就會配合對方的步調！
我一直相信如果是妳，一定能夠自己找出答案的。
咦？

就如同妳觀察到的，同步就是配合對方的意思囉！
與小朋友接觸時要以小朋友的視線應對，與大人接觸時要以大人的視線應對。
所以，
根據不同情況確實配合才是最重要的！
當妳發現這點之後，妳跟店員之間的關係變得如何呢？
從那之後，我就會時時刻刻記得配合對方。
我不會再像以前那樣，以上對下的高壓態度說話，而是像對待客戶那樣地客氣。
這麼一來，對方也逐漸地會好好地聽我說話。
不只這樣，他們還會主動提供各種訊息給我。
其實我心裡一直有個想法……
我也比以前更能夠瞭解下屬說話的真正意思了。
呵呵呵
以前我到底是怎麼聽話的呀！

妳連這點都發現到了呀！
溝通的成果不在於說者說了多少，
而在於聽者接收多少。
A
B
C
沒有建立親和感
A
C B
建立親和感
果真建立親和感的關係很重要！
沒錯！我現在跟下屬的關係確實變得比以前好！
他們現在都會主動告知他們自己改進的地方，
客訴的數量也確實減少了呢！
今後若想要建立更親密的親和感，
妳的同步就要配合「潛意識層面」的反應。
咦？潛意識層面？
簡單來說，就是不用刻意就能做到的意思！

例如「呼吸」、「姿勢」、「說話速度」等一致的話，就會感覺跟對方步調一致，很舒服！
妳可以試著刻意地配合看看！
A
B
B
A
我確實是屬於講話速度快的人。
這樣啊，A呀——
A
B
C
D
E
F
與說話緩慢的人步調不一致的話，感覺不會舒服的。
是的，有一句成語說「同氣相求」，只是這樣而已，彼此的步調都是很重要的！
原來如此。
跟這個人相處感覺很舒服，也是這個緣故吧！
然後，親和感再往上提升，就成為引導！
所謂引導就是對方也能配合我的帶領，做出跟我類似的動作！
特別是在潛意識層面中想要跟對方一樣！
也就是說，打從內心尊重對方是非常重要的！

說出正確的事情之前，必須先塑造能夠接受正確事情的環境。
請一定要注意這些流程是非常重要的必要過程喔。
同步
↓
親和感
↓
引導
謝謝你！我會努力做到的！
數月後
謝謝您的光臨！
IVER COF
呼……
今天又順利結束了！
喀踏
IVER COFFEE
CLOSE
店長。
夏野小姐。

店裡最近都沒有客訴耶！
是啊，最近都沒有客訴！
大家都說店長現在比較會聽我們說的話了。
咦？
大家都說這家店跟幾個月以前感覺完全不一樣。
感覺非常舒服，那樣的舒服感好像也傳染給客戶，所以常客開始增加了！我自己也這麼覺得。
就照這樣的步伐繼續加油吧！
好的！謝謝妳！
IVER COFFEE
CLOSE
這樣啊，六本木店也終於跟上潮流了。
這幾個月來業績有驚人的成長！

打工的人也幾乎沒有離職，提拔京橋的效果出現了！
暫時還看不出會有什麼成果，不過京橋確實很努力。
不過，六本木店是我們公司很重要的旗艦店。
我們一定要擬定可以提高利潤的策略。
不就是要趁著這樣的氣勢來提高業績嘛！

01 溝通的成果取決於對方接收到的訊息量

●建立關係的能力很重要

所謂溝通就是「意見疏通」的意思。不過，我自己本身確實感受到除了意見疏通之外，溝通的品質更爲重要。我也在各種不同地方舉辦內容完全相同的研討會，但是，傳達的效果不會總是一樣的。

那麼，善於溝通與拙於溝通的人，他們的不同點在哪裡？

我長年以來指導溝通能力，在這當中發現了一件事。**那就是在溝通中，「建立關係的能力」比「說話能力」更加重要。**

●溝通的成敗取決於言詞內容是否能夠讓對方深切地理解

我們每個人都有耳朵，所以聽得到別人說話的內容。不過，有時候我們能夠清楚地聽到某人所說的話，但若是換了別人，即便對方說了相同的內容，我們也會覺得不想聽。

像這樣的情況，兩邊都一樣聽到相同資訊，但是接收資訊的程度就有極大的差別。大部分的情況是就算被父母以高壓的態度要求「快念書」，但我們也完全提不起勁看書，有時候反而還失去用功的幹勁。追根究柢，溝通是與聽者或說話者之間產生「親和感」（信賴關係）之後才會成立的。所以，如果要用一句話表達有無「親和感」的差別，那就是**「彼此是否打開心房」**。

●親和感（信賴關係）是潛意識建立的

在此，請再度翻開「開場白03」的圖表。**意識＝思考（頭腦）＝語言，潛意識＝身體＝感覺**。例如，對於尊敬的上司所說的話能夠眞心地接受；若是最討厭的上司說話，在生理上就無法接受了吧。不過，就算是最討厭的上司，通常也都是工作經驗夠久，有一定的業績表現，所以才有資格升爲主管，這樣的情況下，上司所說的話我們也通常認爲是對的。因此，「頭腦＝意識」明白上司說的是正確的，所以知道要照著上司的指示行動。但就是感覺不自在，行動也會變得遲緩。一旦形成這樣的狀態，就算意識上想要服從上司的指示或命令，「身體＝潛意識」也會任性地踩剎車，導致你無法照著腦子所想的行動。

●潛意識感到「安全、安心」的話，就會敞開心胸

雖說對於難以應付的上司「親和感」很重要，不過，在意識上能夠敞開心胸嗎？在故事中出現的六本木店員們，是否馬上就對店長小舞敞開心胸了呢？還有，對於非常喜歡的人關閉心房，也是同樣道理吧？稍微思考一下就很容易想像，這並不是很容易做到的。就像這樣，**決定是否對他人打開心房的，一直都是「身體」（潛意識）**。

那麼，難道我們就無法有意識地建立親和感嗎？

倒也不是的。如果充分地瞭解潛意識的性質，調整潛意識打開心房的狀況，自然就會打開心房。如同我一再強調的，潛意識是為了確保「安全、安心」而存在的。因此，一旦潛意識感覺「安全、安心」，自然就會打開心房。因為這時已經沒有必要再緊緊地保護自己了。反過來說，當潛意識感覺危險的時候，就會關閉心房，以避免自己受到外在的影響。

為什麼建立親和感（信賴關係）很重要？

溝通時，比起「說話能力」，其實「建立關係的能力」更加重要。而且，與聽者或接收者之間建立「親和感」（信賴關係）之後，溝通才會成立。

就算聽到相同的說話內容……

尊敬的上司

頭腦＝意識

⇒理解

身體＝潛意識

⇒由於對於尊敬的上司感到安全、安心，所以能夠真心地接受上司所說的話。

最討厭的上司

頭腦＝意識

⇒能夠理解上司說的話是正確的。

身體＝潛意識

⇒對於最討厭的上司，由於潛意識感到難以應付、害怕等，所以潛意識判斷「與最討厭的上司的溝通是危險的」。因此，我們就無法理解上司說的話，或是就算想照上司的指示行動，行動也會變得遲緩。

潛意識為了追求「安全、安心」，所以若感到危險就會關閉心房，若感覺安全、安心，自然就會敞開心胸。因此，彼此互相打開心房，處於真心接受對方的狀態之後，才能夠取得良好的溝通。

02 每個人都會想建立親和感？

●對感覺安全的人敞開心胸

無意識就是生存的本能，試圖尋求「安全、安心」並閃避「危險」。因此，**在本能上感覺安全的人，我們就會對對方敞開心胸無所防備。相反地，對於感覺危險的人，我們會封閉內心，讓自己不受影響。**

「敞開心胸無所防備」，指完全不施加任何力量的放鬆。另一方面，「封閉內心，讓自己不受影響」，就像穿著盔甲，在自己與周遭之間築起一道圍牆，指的就是處於壓力狀態（緊張狀態）。

哪種狀態會消耗你的能量自不待言。「潛意識」的使命是盡量保護身體延長壽命，因此潛意識一定會盡量降低浪費能量的機會。所以，潛意識會透過身體感覺，讓自己產生厭惡的心情，以避開感到壓力的人際關係或職場。

相反地，能夠讓人放鬆的人際關係或職場消耗的能量少，適合延長壽命，所以「潛意識」會產生舒適感，讓人想盡量留在這樣的地方。實際上，與關係良好的人一起時，就算時間久也不會覺得疲勞，會一直想跟對方相處在一起。

●潛意識所思考的「安全」與「危險」的標準為何？

那麼，潛意識是以什麼樣的尺度來決定「安全」與「危險」的呢？

答案很簡單，就是「**是否非常瞭解**」。

人類在本能上會害怕黑暗，或是毫無資訊的未開之地，因爲這是大腦無法應付的狀態，害怕會完全失去控制的緣故。由於處於受到環境控制的不利狀況，所以自我防禦的本能會支配全身的身體狀態，這是極爲高度的緊張狀態。我們會注意外在環境，以便在遭受襲擊時也能夠隨時應變，連睡覺可能也睡不著。

以小學或中學的轉學生爲例，就很容易明白了吧。轉學生應該都是處於極度緊張的狀態，因爲身邊都是完全不認識的人。此外，像是初次拜訪的公司或是參加陌生人集結的社團時，多多少少也會感到緊張。

相反地，無論在工作上有多緊張，回到家裡見到家人的迎接時，瞬間就覺得放鬆了吧。因爲家人與周遭的環境都是自己非常熟悉的。以出國爲例，如果是夏威夷等日本人多的地方，或是電視上經常看見報導的知名國家時，也比較不會感到那麼緊張。由於很瞭解，所以覺得「安全、安心」，因而產生「親近感」。簡言之，在親和感程度高的關係中，彼此會產生「親近感」。

●對於人類而言，建立親和感是最自然的行動

具有親和感的關係是安全的。因爲彼此感覺親近，不會互相傷害對方。所以，**人類在根本上是希望建立「親和感」的**。試想，在內心深處，你不也是想跟與你發生爭執的人和好，不是嗎？

例如，轉學生的潛意識爲了快一點確保「安全、安心」，所以會積極學習新環境的方言、當地流行的玩意兒，藉以得到周遭朋友的認同。以短時間建立親和感的觀點來看，這樣的行動是非常合理的。因爲看到與自己說相同方言、也喜歡玩夥伴們喜歡的事的轉學生，會**真心覺得他跟我們是同類的人**。只要感到安全了，就會眞心覺得對

方是朋友。

相反地，如果轉學生無論如何就是無法適應新環境或新班級，就會有不想上學的想法。這還是潛意識爲了確保「安全、安心」所做出的行動。當潛意識認爲風俗習慣不同、學校是危險的地方時，就會完全封閉內心。在這種情況下，潛意識是透過封閉內心來確保安全，因爲不與感覺危險的人見面，也是一種安全的做法。也就是說，一樣是「安全安心的需求」，卻會產生「善交際的特性」與「厭惡交際」等兩種做法。

轉學生以外的人也是相同的情況，當班上有轉學生進來時，多多少少會變得有些混亂，就算班上只進來一個完全陌生的人，班級裡的學生也總覺得不自在。事實上，公司有新進員工來上班也是一樣的情況。大家會積極地與轉學生或新進員工攀談，爲的是想知道對方是什麼樣的人。因爲像這種**「不知道」的狀況，會讓人感覺不舒服**。

就像這樣，**在根本上，人類擁有詳細瞭解他人以確保「安全」的強烈動機。這是人類最自然的樣貌**。藉由封閉內心來確保「安全」，只是潛意識在萬不得已的情況下選擇的不自然行動。

03 人們會對與自己有許多共通點的人敞開心胸

●人類只能透過自己瞭解他人

「親和感」（信賴關係）與**「彼此是否敞開心胸」**有關，人類會對感覺**「非常瞭解」的人敞開心胸**。

那麼，人們會對於什麼人感覺「非常瞭解」呢？**答案是「與自己類似的人」**。

在「第一章10」中，我提過人類在理解某事時，憑藉的是以前經歷過的體驗。

例如，對於不曾體驗過「日本盂蘭盆節時舉行的盂蘭盆舞」的美國人，你要如何說明呢？你能夠說明「太鼓」、「燈籠」、「撈金魚」是什麼嗎？

這時，我們只有連結美國人體驗過而知道的東西來說明。例如，「和太鼓」就是「鼓」，「燈籠」或許就是「燈」也說不定。

不過，就算是這樣的說明，「說者」與「聽者」腦中的印象也是大不相同。

這樣的情況，就算是日本人之間的溝通也一樣會發生。假設我把我體驗過的「盂蘭盆舞」說給你聽，因爲都是日本人，所以當然知道「盂蘭盆舞」，也能夠明白。不過，我描述我腦中「盂蘭盆舞」的印象，與你理解的「盂蘭盆舞」印象的感覺，一定有很大的差異。

好像我以小時候出生成長的小鎮（兵庫縣）中的盂蘭盆舞的記憶（印象）爲基礎向你解釋，你的腦中也無法如實地看到我腦中描繪的印象。因爲，你只能以自己曾經體驗過的盂蘭盆舞爲基礎，將當時使用五感接收到的資訊，然後想像應該「是這樣的感覺」而已。

因此，假設談論某個主題之後，請「說者」與「聽者」將腦中的印象畫出來，結果多半呈現完全不同的印象。不過，實際上當對方一邊聽自己說話、一邊不斷點頭回應時，我們卻深信已經完全傳達了想表達的內容。殊不知，**這就是錯誤溝通產生的原因。**

●人類只有靠自己本身才能體驗

我們都是透過自己本身的過去體驗，來理解發生的事件或他人。

例如，各位在晚上睡覺時，是如何看到夢境的？

實際上夢境的狀態因人而有極大的差異。若依照NLP的分類，有的人是以融入狀態看見夢境，也有人是以解離狀態做夢。以解離狀態做夢時，就好像看到自己主演的電影一樣。還有，有的人看到彩色的夢，也有人看到黑白的夢。知道這些事實時，我感到相當驚訝。因爲我只做過融入狀態且彩色的夢，所以認爲大家都跟我一樣，做的是融入狀態且彩色的夢。還有，我這輩子應該永遠都無法理解解離狀態且黑白的夢境吧。因爲這是無法體驗的經驗。

這意味著**只有靠自己本身才能體驗的，我們才會對自己腦中已有的東西感覺「非常瞭解」；反之，對於不曾體驗過且腦中沒有的東西則會感到「不瞭解」**。所以，當我們遇到與自己抱持相同價值觀或與自己類似的人時，在潛意識中就會感覺非常瞭解他，並且確實覺得安心。

親和感的特徵

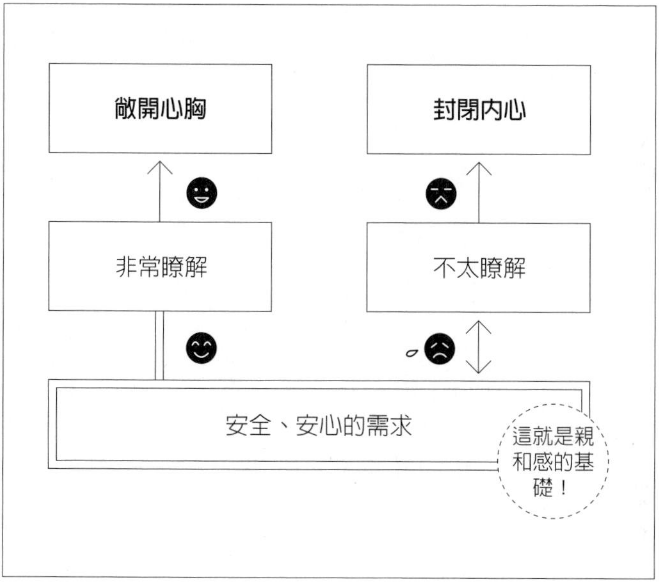

透過自己本身的過去體驗來理解事件或他人。

跟與自己共通點少的人談話時⇒
感覺「自己不曾體驗過對方說的事情或體驗，這事情或體驗也不在自己腦海裡，所以不瞭解對方。」因而封閉內心。

04 為了建立親和感而做的同步是什麼？

●何謂同步？

前面的說明指出，**人類只有靠自己本身才能體驗**。所以，當你在對方身上看到許多自己也擁有的特質時，你會感覺「安全、安心」。這點我想讀者都已明白了。

意思就是，對於與自己共通點越多的人，「潛意識」會視爲非常瞭解的人，所以會敞開心胸對待。也就是說，**若想要建立親和感（彼此敞開心胸的狀態）的話，有效的方法是發現對方與自己的共同點，並且簡單明瞭地讓對方知道這點**。NLP稱這個做法爲同步。

所謂同步意味著配合對方的意思，這裡的配合是指對方的「步調」、「價值觀」、「感興趣的事物」等等。**其目的如前所述，是為了讓溝通的對方感覺他「非常瞭解」我自己，同時也是為了讓對方進入「敞開心胸的狀態」（具有親和感的狀態）**。

我工作上往來的一位朋友畢業於兵庫縣北部的一所高中。他在大學畢業後，工作被調派到東京負責業務方面的工作。由於工作的關係，這位朋友去拜訪公司的負責窗口，一聊天，發現原來兩人都畢業於同一所高中。除了很難得遇到同鄉的人之外，又還是畢業於同一所高中，兩人的對話和關係自然快速地變得親密。由於意氣相投，所以業務上的合作也獲得大成功。

就像這樣，遇到家鄉或相同學校的人就會產生親近感（感覺接近）。其他還有遇到興趣或假日休閒方式一樣的人，也會感覺合得來而能夠敞開心胸。這就是因為確實覺得非常瞭解對方而感到放心的緣故。

人類在根本上就想要建立親和感，在與初次見面的人的緊張關係中，都會希望快點知道彼此的共同點以尋求安心感。也就是說，**能夠越快找到對方與自己的共通點，並將此共通點引進話題，讓對方感到彼此「互相瞭解」的人，就會讓人產生好感**。事實上，所謂的業務高手就是善於傾聽的人。透過適當的問題問出對方的價值觀等，然後再不著痕跡地讓對方知道自己也非常重視這個價值觀。結果就是，客戶會因此感到安心而敞開心胸，賣方所說的話也就能夠打動他內心深處。因此，任何溝通都是在人與人之間進行的，對於對方重視的東西，發出「我也覺得很重要」的訊號的人，就會獲得成功。

●最高等級的同步就是配合呼吸

相信讀者已經理解，在對話中「發現共通點並配合對方」以及「不著痕跡地尊重對方的價值觀」之重要性了吧。更進一步地，如果同步也能夠配合對方在潛意識中強烈追求的東西，效果就會非常顯著。

簡單地說，潛意識最重視「以自己的步調生存」。這裡的步調可以想成速度。例如，頭腦轉速快的人以快速的步調生活。相反地，穩重的人就會以沉著而踏實的步伐前進。兩種方式沒有好壞之分。因此，我們對於擾亂自己步伐的人會感到焦躁不安，與步調不一致的人在一起時，多半也會感覺不自在。還有，如同故事情節介紹的，**步調會呈現在呼吸上**。生活步調快速的人呼吸急促，生活步調慢的人呼吸就會較爲緩慢。**如果能夠仔細觀察對方的呼吸，並且配合對方的呼吸速度，在感受上就會覺得非常自在**。

在對話中的同步

所謂同步就是：
為了企圖建立「親和感」（信賴關係），發現對方與自己共通的部分，並且以簡單易懂的方式讓對方知道這點。

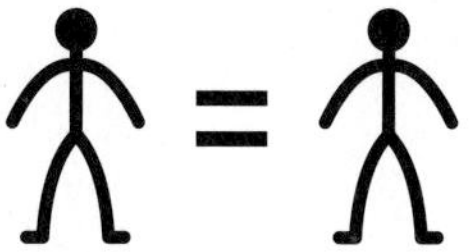

配合對方的
「價值觀」
「感興趣的事物」
「速度」（說話速度．呼吸）

建立具有親和感的狀態

能夠越快找到對方與自己的共通點，並將此共通點引進話題，讓對方感到彼此「互相瞭解」的人，會讓人產生好感。

例如在對話中……

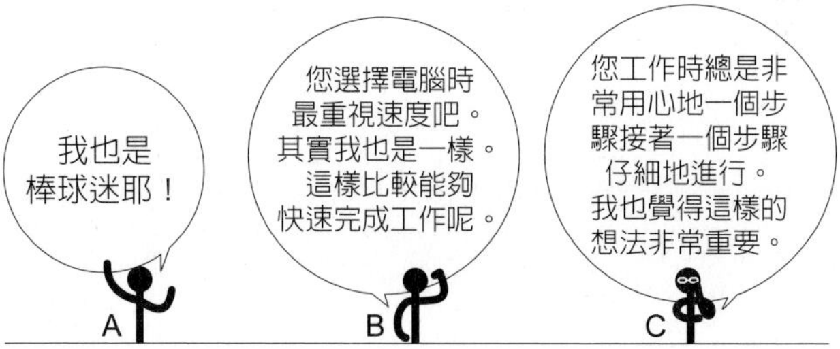
我也是棒球迷耶！
您選擇電腦時最重視速度吧。其實我也是一樣。這樣比較能夠快速完成工作呢。
您工作時總是非常用心地一個步驟接著一個步驟仔細地進行。我也覺得這樣的想法非常重要。
A
B
C

重點
- 發現共通點並且配合對方。
- 不著痕跡地尊重對方的價值觀。

●同步的重點

關係良好的情侶連呼吸的節奏都一樣。以前的人以「意氣相投」來表現這樣的狀態。到了現代，看到默契絕佳的對口相聲等技藝，我們也會覺得他們在舞台表演時，連呼吸都像是同步一樣。**就像這樣，若同伴之間感情緊密，連呼吸都會變得同步。反過來說，如果配合對方的呼吸節奏，關係也會變得親密（建立親和感）**。

這也跟團隊合作的情況一樣。團隊合作進行順利時，全體成員的步伐就會一致。我舉辦的研討會也是一樣，當親和感程度高時，自然地全場的呼吸都會是一致的，這樣的情況真令人感到驚訝。相反地，如果辦公室裡大家的呼吸節奏凌亂的話，辦公室就會形成不和諧的氣氛。日語中有「阿吽的呼吸」（注）的用法，意思是當彼此的呼吸一致，表示彼此接近有默契的狀態，自然地就會互相瞭解對方的想法，這時只要以極短的話語就足以傳達自己想要表達的意思，在工作上的效率就會提升。就像這樣，多數人的親和感能建立一個優質的「磁場」，比方在實際的生活中，當我們到一個員工有默契的店裡消費時，內心會感覺舒服而一直想待在那裡，就是這個緣故。

注：同氣相求之意。

同步的重點

姿勢／表情／動作

若對方伸懶腰的話，自己也跟著伸懶腰。對方慵懶地將身體靠在椅背上，自己也跟著這麼做。若對方微笑，自己也微笑。

→就像這樣，讓自己的動作與對方的動作一致，稱為「鏡射效應」（Mirroring）。根據「鏡射效應」做出來的同步效果也比較好。

聲音的語調（速度、高低、間隔、大小）

如果對方說話速度快，自己也試著以相同的速度說話。

呼吸（速度、深淺）

呼吸的效果如內文所詳細介紹的那樣，是同步的基本步驟。

價值觀

察覺對方最重視的價值觀，在內心中抱持著尊重對方的價值觀並且與之對話。光是這麼做，通常對方就會感覺愉快。就好像與對自己抱有某種程度好感的人說話時，就算對方沒有明白表示對你的好感，你也不知為何就是感覺愉快。

05 看穿對方真心的「觀察度測法」（觀察力）

●人類內在的想法或考量必定會呈現於外在

我就算在研習課程中，也會注意觀察對方在言語之外的潛意識所流露出來的非語言暗示。為了確認課程中學員的理解程度，我會頻繁地詢問：「瞭解嗎？」即便大家點頭或是說「懂」，但是現場呈現的卻是想不通的表情或氛圍的話，我就會詳細地再說明一次。

就像這樣，**就算言語（意識）上說懂，真心話卻會透過身體（潛意識）所發出的氣氛表現出來。像這種讀取微妙的非語言資訊的觀察力，在NLP裡稱為「觀察度測法」**（Calibration）。卓越的觀察力能夠察覺別人情緒微妙的變化，甚至是對方內在想法的變化。因為**就如圖表所示，人類內在的考量或想法，一定會呈現在表面（身體反應）上。**

讀取非語言的訊息

真心話會透過身體（潛意識）所發出的氣氛表現出來。
像這種讀取微妙的非語言資訊的觀察力，在ＮＬＰ裡稱為
「觀察度測法」。

眼睛看得到的部分（聲音・呼吸・姿勢・視線）

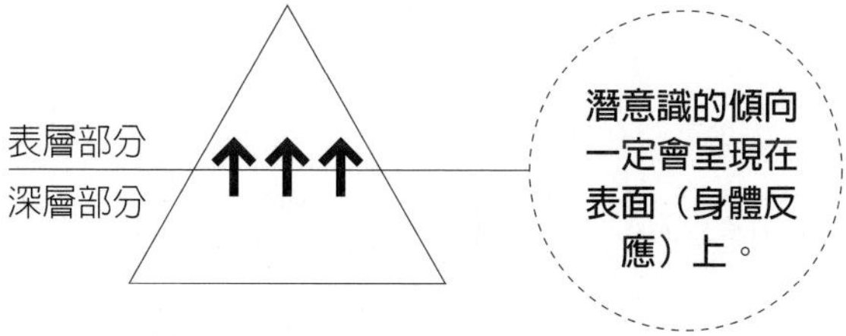
表層部分
深層部分
潛意識的傾向
一定會呈現在
表面（身體反
應）上。

觀察度測的案例

狀況	表層部分	深層部分
雖然回答「我懂了」，但是……	表情沒有恍然大悟的樣子，稍微歪著頭。	不是非常清楚。 無法理解。
在氣氛和諧的對話中，談到某個特定話題……	一瞬間皺眉。	（對於這話題） 產生厭惡感。 與自己的價值觀差太遠。
在會議、面談等各種場合中……	交叉雙手。 雙手抱在胸前。	想保持自己的步調、價值觀或想法。 想與對方保持距離。
說明某件事情時……	說話速度突然變快。	對於該說明沒有自信。 希望早點結束。

06 何謂引導？

●理解溝通的過程

NLP溝通的基本架構是在確實觀察度測（觀察）對方之後，建構「同步」與「親和感」，然後進行「引導」。

所謂「引導」，指為溝通的對方帶來變化的過程。若是銷售溝通的話，就是讓客戶產生想購買的心情；與部下溝通的話，就是讓部下產生幹勁等等。

變化有好處，但也會伴隨著風險。由於潛意識是以「安全、安心的需求」爲基礎來做決定，所以基本上會以自己的標準來評估，只有感覺「變化產生的安全、安心」大於「維持現狀所帶來的安全、安心」，潛意識才會接受這個改變。

我們買東西的時候，都會認爲若是社會上有信用的廠商所生產的產品會比較安心而購買。這是因爲「○○公司的產品＝安心」的想法已經被一般化的緣故。同樣地，因爲自己信任的人「使用過覺得很好」而推薦的商品，我們也會安心購買吧。這也是因爲從「○○先生／小姐＝安心」的一般化，更進一步地發展到較大範圍的「○○先生／小姐推薦的東西＝安心」。

購買商品也意味著變化，所以會產生猶豫。不過，對於具有親和感的產品或是對於具有親和感的人的推薦，我們都能夠安心地接受。這是因爲在已確立的親和感關係上，能夠將「與對方的關係＝安心」一般化，所以潛意識確實感覺跟著對方會比較安心。因此，建立深度的親和感之後，才能夠有效地促使對方產生變化。

NLP溝通的基本過程

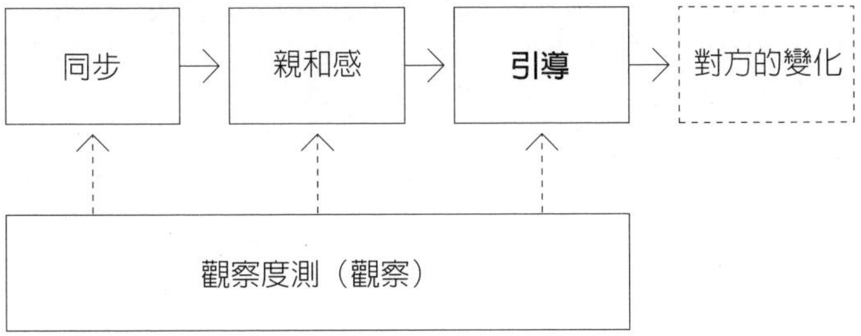

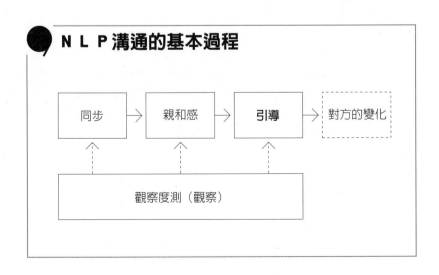

專欄 3

何謂「空白原則」？

當大腦產生空白時，大腦就會設法填補這空白。

此處「空白原則」的「空白」指「不知道的狀態」。「知道」與「不知道」（空白）的差異在於能或否控制狀況。不太清楚的事情指無法控制的狀態，對於具有尋求安全、安心特質的大腦而言，這是極為危險的狀態。

因此，當人類的大腦遇到並不十分清楚的事件時，多半會全力運轉，自動地動員所有記憶資料設法瞭解。另一方面，若大腦確實感覺到真的無法理解的話，就會設法逃避。這些行為都是為了確保安全而做出來的。

我在找工作時，每次一翻開報紙就一定會看到不同版面中的徵人啓事。找工作時，對於「不知道」未來可能做的工作，或是想進入的公司，大腦整天都在收集資訊。不過，現在就算每天早上翻報紙，也幾乎不會發現徵人啓事的廣告。雖然報紙上應該登了許多徵人啓事。

推理小說當然也是從「不知道犯人」的情節開始，所以非常有趣。由於大腦想填補「空白」，所以會激發人類的注意力與好奇心，試圖達到盡快找到答案的狀態。優秀的作家、電影導演或是善於做簡報的人，都是運用這個原理，故意製造具有吸引力的「空白」，來引發觀衆的注意力。

第3章

安裝新程式

在第2章中說明了修改程式的方式。
本章將討論安裝新程式的方法。

您好！
今天天氣也很好呢！
這家咖啡店能夠讓人放鬆呢。
氣氛很好，店員們也都很親切。
新商品很好吃喔，我也要介紹我朋友來這裡。
成為能夠「暢所欲言」的人！
Story 3
這陣子真的好忙啊！
因為常客增加的關係啦！
以這樣的狀態繼續加油吧！
IVER COFFEE
CLOSE

這都是多虧NLP的幫忙，
希望這樣的狀態能夠一直持續下去！
六本木店的營運狀況很不錯，區經理非常高興喔！
這家店交給妳真是太好了！
謝謝您。
經營團隊非常高興，
現在正針對六本木店擬定新的業務策略，敬請期待！
新策略？
啊，六本木店就是能夠託付的證據。
是、是的。
今後也請多加油喲！
新策略到底是什麼呢？
眞擔心。
！

会議室
1
爲什麼他會在這裡……？
啪搭…
哦，妳那天也在IVER COFFEE總公司？
咖啡
冬
是喔？妳應該叫我的。
逼近
你可以告訴我嗎？
咦？
不僅是NLP的知識，關於咖啡或店鋪經營，你也都能夠很明確地回答我。
感覺這本書的內容，從頭到尾你都很清楚。
遞
IVER COFFEE

請問你到底是何方神聖？
什麼何方神聖，妳用詞也太誇張了……
！
……
不要這樣瞪我，我又沒有隱瞞妳什麼……
RRRRRR
！
抱、抱歉，總公司打來的電話……
喂，是的。
什麼，那我現在馬上過去。
不好意思，我有工作進來……
沒關係，下次再聊。
真抱歉！
……
這、這新策略是什麼意思啊？

妳聽好了！
是。
六本木店的最大問題就是客人坐太久了。
如果能夠提高客人的翻桌率，就可以提高利潤吧。所以要改變經營方式。
可是……
怎麼了，妳有意見嗎？
不。
現在店裡的方針是增加常客。實際上我們也因為這樣而提高業績了！
那家店是逃離都會喧鬧的休息空間。
喔
我明白翻桌率很重要，不過六本木店需要的不是這個！
客人因口耳相傳而確實增加！
客層也打開了！
所以不需要新策略！
啪搭

……爲什麼說不出口。
怎麼了？
……
沒有，沒事……
緊握
私語
怎麼會這樣……
為了提高翻桌率而更換裝潢嗎？
明明最近店裡的感覺很好。
私語
預計兩週後實施。
真可惜。
刺痛
店長認為這樣的決定是正確的嗎？
咦？
這是上面的命令，沒辦法……
撇過
……

我覺得維持現狀比較好。
!!
這是已經決定的事了。
咖啡
冬
總公司的命令我也能理解。
如果翻桌率提高的話，或許業績也會提高。
可是……
CLOSE

這樣不就跟其他的咖啡店一樣嗎！
如果附近也開了低價咖啡店的話，客戶一定會流失的！
到時候就無法彌補了。
就像我喜歡這裡一樣，希望客戶也能夠成為IVER COFFEE的粉絲……
呼！
若是這樣的話，妳跟上司說就好了啊。我覺得妳的說法還蠻有說服力的。
為什麼呢？
我說不出口！
因為我……
因為我從小就是個好孩子。

當別人對我有所期待的時候，我就會想要努力地表現，
我討厭說錯什麼話而讓別人對我感到失望，所以我從來沒有頂嘴過。
所以一直以來我都不會說出我自己的意見。
那個程式是什麼時候設定的？
咦？
程式？
我之前提過，程式是透過「衝擊」（強度）與「重複」（次數）而產生的。
衝擊＋重複＝程式
啊！
沒錯……
總之，那個價值觀不是妳天生就有的，
是「環境」或「偶然的體驗」所形成的。
是什麼時候開始的呢……
自己的意見無法說出口……
你看！

你看！
阿嬤，我在幼稚園拿到獎勵的小花喔！
很棒吧？很棒吧？
阿嬤阿嬤～
小舞真厲害呢！
阿嬤好高興喔！
呵呵。
我希望看到阿嬤的笑容，
希望爸爸也開心、媽媽也開心。
希望他們更開心。
一直以來我總是迎合別人的期待。
好成績、好學校、好朋友。
啊！
那樣的我也曾經有過反抗期……
厚！你們很煩耶！讓我一個人靜一靜！
嚇！

小舞……
我無法忘記阿嬤那時候的表情……
從那天起，我就無法頂嘴了……
如果我做錯事的話，就會有人傷心……
從那時候開始，我為了當一個好孩子，一定會聽上司或年長的人的話。
可能被設定程式了。
這樣啊。
現在，妳想成為怎樣的人呢？

我希望我能夠表達自己的意見來守住這家店！
這樣的話，改寫那個程式就好啦！
咦！改寫!?
程式是透過強烈的衝擊與頻率而產生，
當然，就算是大人也適用！
舊程式
捨棄
新程式
所以如果能夠針對這點改寫程式就好啦！
那麼……該怎麼做呢？
可以的話，找身邊一個可以當範本的人就好了。
範本？

「快速設定程式祕訣」中，有一個方法叫做「模仿」。
模仿？
TARGET
所謂模仿就是徹底觀察某人的行動。
首先要看著那個人！如果只有自己察覺到的範圍是無法模仿的，
所以要仔細地觀察！
若想要做到這點，必須擁有既寬且深的視野喲！
緊盯
神情
姿勢
聲音的語調
對方所處的環境
人際關係
好好地看，仔細地聽。

指
感覺好像是解離喔。
了不起！妳說的沒錯！
妳幾乎都瞭解NLP的內容了嘛！
以寬廣的視野觀察，正是解離沒錯！
然後，在這之後再進行融入！
咦！融入嗎？
盡量地瞭解那個人之後，完完全全模仿那個人。
融入
完全模仿，以所有的五感去體驗，
這不就是融入嘛！
這麼一來，大腦為了接近那個人，就會產生喜歡對方的程式！
類似

一流的運動員會運用想像訓練的理由是，
因為光是想像就能夠提高身體的能力。
如果能夠好好地想像的話，大腦就會產生錯置！
這樣呀！
不過，我身邊沒有我想模仿的人……
嗯—
若是這樣的話，這些人也是可以模仿的喔！
●歷史上的名人
●知名的事業經營者
●偉大而值得尊敬的人
只要非常瞭解模仿對象就可以了。
因為完完全全與那個人建立連結關係，是很重要的喔。
我明白了。
那麼，我以這本書的作者新妻政宗為模仿對象好了。
香味不一樣呢！
小舞想像的新妻
……
IVER COFFEE

如果能夠像他那樣，無論遇到什麼困境都能堅持下去的話，
我想我一定能變得有勇氣，能對上司表達意見！
呃……我不知道這個人物適不適合，總之先試試看吧！
好的！
HA HA HA
呵呵……
嗯——
嗯——
不行，我做不來。
對於新妻先生的瞭解還不夠，所以很難想像。
翻閱
店長。
啊、是！

之前拜託您要向經營團隊提出重新檢討菜單的事，請問您說了沒？
客人點得多的商品跟點得少的商品之間有很大的差異。應該更加突顯我們這家店的獨特性才行！
這個
那個
這個
那個
是的
是的
呼，夏野小姐不管對誰都能直接說出她心中的想法，真厲害呀！
很想向她看齊啊！
！
對了！
以夏野小姐當範本就好啦！
呼
偷瞄
叩叩
不好意思！
喀鏘

數週後
咖啡 冬
請聽我說！
怎、怎麼啦？
我終於能夠說出口了！
我已經能夠好好地向經營團隊說出我自己的想法了！
喔喔，那很好啊！
妳是模仿新妻政宗嗎？
沒辦法！因為資訊太少了。
我模仿了對我也能清楚表達意見的部下！
店長。
請聽聽我的想法！
然後融入……
不好意思！
喀鏘
所以我去了上司那邊說出我自己的意見。
驚！
原來如此。

不錯嘛！
建立粉絲群的想法確實不錯！
那麼，暫時就先維持現狀觀察看看吧！
只是，既然妳這麼說就要確實做出成果喔！
好的！
直挺
太棒啦！
建立粉絲群的咖啡店嗎……我想起三軒茶屋的「冬咖啡」啊！
咦？
您知道冬咖啡!?
我以前經常跟新妻一起去那家店喔！
呵呵
驚訝
跟新妻先生!?
就是這家店喔！
據說新妻先生經常來這家店，
他當初好像就是以這家店為範本來進行展店計畫的，是不是很厲害啊！
這我知道啊。
咦？

為什麼……您連那樣的事情都……
對了，我還沒回答妳前陣子問我的問題呢。
心跳加速
咦？
我就是創立IVER COFFEE的成員之一——
新妻政宗！
什麼——!!

01 安裝充實人生的程式

●安裝程式的訣竅

到目前為止，在開場白中，主要是瞭解我們自出生以來程式設定的過程。因偶發的體驗而設定了程式，又因為這些程式而決定了我們人生的幸與不幸。相信讀者都已經瞭解這樣的因果關係了。

另外，前面也提到，**程式是透過「衝擊」（強度）與「重複」（次數）設定而成**。也就是說，透過與接觸最頻繁的人物之間的關係，我們自己設定了許多程式。對於大部分的人而言，這樣的人物就是自己的雙親吧！故事中的小舞就算已經成年了，她與雙親、阿嬤之間的關係還是會影響她的性格。無論是好的方面或不好的方面，由於雙親就在身邊，所以應該也容易受到情感上的「**衝擊**」。加上，由於幾乎每天對話，看著對方的姿勢、表情、行為等，從「**次數**」（**重複**）的角度來看，應該也稱得上是極高的頻率了。

因此，無論是姿勢或價值觀等，孩子在許多方面都複製了父母的模式。我一再重複，這些都是在潛意識的情況下學習到的。因此，仔細地學習理解潛意識的運作傾向，有意識地培養高品質的程式，這是極為重要的。

就像我以前非常喜歡吃牡蠣。不過自從一次的食物中毒之後，就開始討厭吃牡蠣了。這便代表任何程式都會因為強烈的「衝擊」或「重複」而被改寫。

●透過「想像訓練」能夠建立新程式

透過與接觸最頻繁的人物之間的關係而產生程式。**這意味著學習某事時，因著學習對象的不同，學習效果也完全不同。**例如，學英文時，要向發音正確的老師學習才好。重要的學習是「體會」（潛意識）而不是「知曉」（意識），所以就算潛意識在不知不覺中接觸，也會因為「強烈的印象」（衝擊）或「頻繁的見聞」（次數）而有任意模仿的傾向。當然，這也跟範本人物之間的親和感程度有關。

比方，若想要精進打網球的技巧，應該看數百回專業網球運動員的錄影帶，而不是一味地做一般的練習。若想要在商場上獲得成功，就應該在經營天王身邊工作，不斷地觀察他的行爲作風才對。

另外，在你想要成功的領域中，以「充滿臨場感」（衝擊）加上「重複」（次數）的方式想像自己成功的影像，這也是非常有效的做法。「大腦無法區分現實與想像的差別」，所以大腦對於「實際看到的」與「腦中想像的」會認定是相同的體驗。

我現在雖然擔任研習課程的講師，不過我的說明技巧其實受最早就職公司的社長影響。當時我完全沒有想要「模仿」那位社長的念頭。不過，以前公司的前輩來聽我的演講之後，都異口同聲地說，我說話的方式與社長一模一樣（我眞是太冒昧了……）。

若是以結果來說，我顯然是因爲密集地看到完美的範本，所以學會了更高品質的簡報方式。

安裝程式的方法

程式是

透過「衝擊」（強度）與「重複」（次數）設定而成。

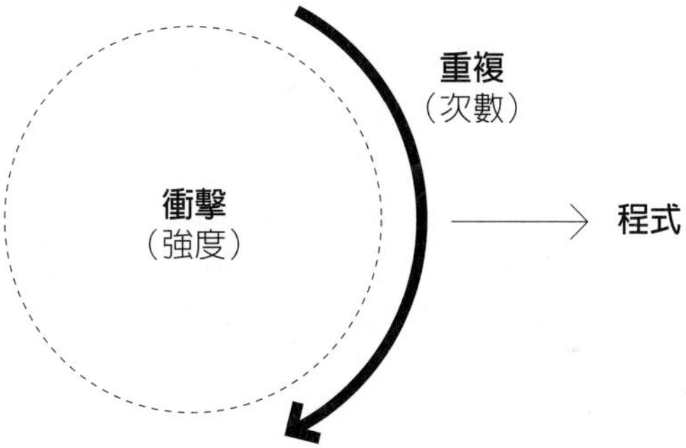

想要安裝充實人生的程式，平常可以實踐的兩種方法：

①重複觀看設定模仿的人物（錄影帶也可以）；
②看見自己在特定領域中成功（做出適當行為舉止）的畫面。

02 利用「重複觀察」安裝程式

在NLP裡，針對安裝新程式有一個有效的想像訓練方法。在介紹這個安裝方法之前，希望讀者能夠先瞭解想像訓練法的內容。

想像訓練分爲兩種方法：

①以觀看為主的想像訓練；

②以體驗（感覺）為主的想像訓練。

●以觀看為主的想像訓練法

「第三章01」提到，「想要精進打網球的技巧，應該看數百回專業網球運動員的錄影帶，而不是一味地做一般的練習。」事實上，棒球或網球的專業運動選手都會將狀況最佳時的姿勢或揮棒動作等錄影下來，待狀況差時重複觀看，藉以調回應有的步調。從「觀看過去的自己」的角度來說，這樣的做法也可以算是一種想像訓練。

我本身也有過類似的體驗。我現在雖然自稱為研習講師，不過，我原本是非常不擅長在人前說話的人。為了克服這點，我不斷重複觀看成為我簡報「範本」的錄影帶——那是《心靈點滴》（*Patch Adams*）電影中（八分鐘左右）的一段劇情。看到男主角羅賓．威廉斯（Robin Williams）滿腔熱血地打動觀眾的那一幕，我內心想著，如果能夠像他那樣說話就太好了。而我剛開始擔任研習講師的時候完全沒自信，於是我不斷「**重複**」觀看那一段影片，看到片子都快壞掉的程度。

後來，因為我透過NLP的練習克服了社交恐懼症，我就不再看那段影片了。不過，那真是一部很令人感動的電影，所以我也推薦給我的一位學生。後來，那位學生看到我以前不斷重複觀看的那段劇情時，認為主角的說話方式「跟山崎老師一模一樣」。學生說這話的語氣宛如知名演員模仿我的演講，讓我聽了真是哭笑不得。雖然我已經有五年不曾回頭看那段影片，不過影片的內容已經化為程式深植我心。就像我這樣，利用錄影帶等工具「重複觀看優質範本」，也是安裝程式的好方法。錄影帶等影像能夠不斷重複觀看相同畫面，以「重複」的觀點來說，是非常有效的方式。

03 如何有效地安裝程式？

●以體驗（感覺）為主的想像訓練

聽到想像訓練時，大部分人會被「想像」這兩個字影響，認爲是在腦中浮現畫面的「觀看」。其實，想要進行能帶來高度衝擊的想像訓練，就必須仰賴「感覺」。

如同我不斷重複的，程式是透過體驗而產生的。而且衝擊越強，越能夠產生強而有力的程式。

在NLP中，有些訓練能夠有效地安裝優質程式，當然這也需要以「感覺」爲基礎。

在「第三章02」說明了「重複觀看」優質範本的重要性。不過，如果在重複觀看之外再加上「感覺」的話，效果將會倍增。因爲與「觀看」相比，「感覺」所帶來的衝擊性更加強烈。

那麼，所謂「感覺的想像訓練」到底是什麼呢？

其實這指的就是**「全力運用五感來體驗的想像訓練」**。

如我不斷重複的，潛意識與「身體感覺」關係密切。由於程式位於潛意識的層級，所以能否影響「身體感覺」就成爲安裝程式時的重要關鍵。

例如，被狗咬的體驗伴隨著「巨大的疼痛」（身體感覺），所以在一瞬間就產生程式。被女性以嚴厲的言詞批評而產生異性恐懼症，雖然這屬於心理層面，不過在物理上，內心也會感受到強烈的疼痛吧。

在想像訓練中，安裝程式時也一樣，身體感覺越強烈效果越好。

●觀看的想像訓練是「解離」，體驗的想像訓練是「融入」

基本上，「觀看的想像訓練」是從外部重複觀察範本（模仿對象）。這個做法的好處是由於能夠從外部觀察模仿對象，所以視野較爲寬廣，也能夠在寬闊的範圍中掌握對象人物與狀況。只是，由於是以寬廣的範圍客觀地觀察，所以或許感覺像是在看待別人的事一樣。對於多數的人而言，前面章節所介紹的「解離」就屬於這一類的訓練。

相對於觀看的想像訓練，前面說過，「感覺的想像訓練」就是「全力運用五感來體驗的想像訓練」。**意思就是徹底地把自己當成想像對象**。例如透過錄影帶觀看以前自己狀況極佳時的模式，觀看後閉上眼睛，這時不是以第三者的角度，而是以自己本身的感受回想當時的行動，並且實際體會當時的身體感覺。

當然，爲了徹底成爲當時的自己，就必須盡量地眞實重現當時體驗到的臨場感。意思就是重現當時「看到的東西」、「聽到的聲音或聲響」、「身體感受到的感覺」等。若想要精確地做到這點，不能從外部觀看這段記憶，而是必須進入內在，徹底沉浸在當時的狀況。這也就是前面章節所介紹的「融入」。

以重新建構等狀態管理的觀點來看，「融入」會帶來太過強烈的情感衝擊，所以不適合使用。不過，若以安裝程式的觀點來看，強烈的衝擊對於安裝程式的幫助極大。想像訓練也能夠透過計畫性的「融入」，在短時間之內成功地安裝安全且完整的程式。

更有效的想像訓練

觀看的想像訓練→解離

從外部重複觀察範本（模仿對象）。

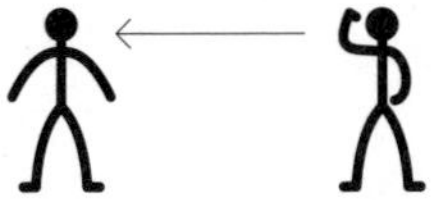

範本　　從外部觀察範本

由於從外部觀看範本，所以視野較為寬廣，也能夠在寬闊的範圍中掌握人物與狀況。

體驗的想像訓練→融入

徹底把自己當成範本，運用五感體驗。

徹底把自己當成範本

例如，回想過去做簡報非常成功時的體驗。徹底化身為過去做簡報時的自己（融入），重現當時「看到的東西」、「聽到的聲音或聲響」、「身體感受到的感覺」，沉浸在當時的狀況裡。

「融入」是透過所有五感的體驗，能夠在更短的時間內安裝安全且完整的程式，所以感覺的想像訓練比觀看的想像訓練效果更佳。

04 模仿與新行為產生器

本單元將介紹如何進行訓練，以安裝結合融入與解離所產生的程式。

●有效地學會新模式的訓練

如本書開場白中所介紹的，在商業、教育、醫療、運動與藝術等各個領域中，NLP是以模仿該領域傑出人物爲基礎。小舞爲了能夠將自己的意見表達給上司，因此便以總是能夠清楚說出自己內心想法的夏野小姐爲範本。

這裡有一個已經簡化爲初學者也能夠進行的模仿訓練，稱爲「新行爲產生器」（New Behavior Generator），簡單說就是「將新行動普及化」，即模仿獲得優秀成果的人物，讓新的行爲模式固定在自己的內在。這個訓練大致分爲兩個階段：

①仔細觀察模仿（對象）的階段；

②安裝其卓越行為的階段。

●只能夠模仿「察覺到的東西」

假設你跟我各自模仿日本歷史名人坂本龍馬，最後我們的「模仿」成果會是一模一樣的嗎？

稍微思考一下就能夠明白，結果一定完全不同，因爲我腦中想像的坂本龍馬與你腦中想像的坂本龍馬並不相同。

最後，你就會瞭解，所謂模仿，就是學習腦中某特定人物的印象之過程。也就是透過「衝擊」與「重複」，將腦中記憶的某特定人物的優秀特性轉化為自己的特性。

我們之所以能夠學習到因雙親強烈影響所產生的程式，是因爲雙親就在我們身邊，而他們所表現的行爲已看過無數次，或是帶來的衝擊性夠強的緣故。所以，如果利用這樣的原理，讓自己充滿臨場感（衝擊性強）且重複（次數）回想「好的回憶」（達成某事的記憶等）的話，自我形象（Self Image）的程度就會提升。

據說，樂觀的人都會把事物的焦點放在好的一面，回想出來的通常也都是好的回憶。因爲這不是有意識地進行的行動，而是腦中的潛意識已經植入這樣的思考程式緣故。這也意味著他們在不知不覺中（無意識地），進行著提高自我形象程度之類的想像訓練。

相反地，悲觀的人都會看到負面的事情，經常連結負面的過去記憶而感到後悔。這樣的做法就像是低度自我形象的強化訓練。

請讀者務必重複體驗這裡介紹的訓練，以傑出人物爲範本，加強優良的特性。若想做到這點，**首先就必須仔細觀察你設為模仿對象的人物，既深且廣地找出這位模仿對象的特徵**。這時，解離就有助於你以既深且廣的視野觀察。因此，在進行這個訓練時，就要從「解離」開始，並以寬廣的視野仔細地觀察模仿對象的步驟進行（即B與C步驟）。

如果能夠大範圍地發覺模仿對象的特性，接下來就必須將那些特性烙印在身體（潛意識）以安裝這些特性。在這個步驟中，若進入模仿對象的內在，徹底化身爲模仿對象並且細細體會，效果會更好。這個步驟就是強烈的融入（D步驟）。

新行為產生器（模仿）

A 決定一個想進步的行動（例如希望能夠在別人面前侃侃而談）。

B 想出（解離）一位非常擅長此事的人（範本）。

①範本可以選擇「身邊的人」、「資深者」等能夠讓你具體想像的人。

②想像眼前有一個電影螢幕。

③將範本投影到螢幕上。這時，請清楚且具體想出此範本的神情、姿勢或是說話語調等。

④讓那個人做出你想要的行動並且仔細觀看（假如進行不順利，可以更換範本）。

⑤如果自己期待的行動與眼前的想像一致，就停止這畫面。

C 交換模仿對象與自己的影像（解離）

①把螢幕上的範本改為自己的影像並且觀看。

②感覺滿意的話，停止畫面，也可以修正影像。

D 投入螢幕內，實際地運作自己的身體（融入）

①體驗自己實際的行動。重視看到的東西、聽到的聲音以及身體的感覺，並且體驗之。

②不斷重複體驗，直到想像畫面充分刻印在腦中為止。

05 如何製作瞬間達到強力狀態的點火裝置（設心錨）

●何謂心錨？

相信許多人都知道因「巴夫洛夫的狗」而有名的俄羅斯心理學家伊凡・巴夫洛夫（Ivan Pavlov）所進行的「古典制約」研究吧。

據說巴夫洛夫餵狗時會先搖鈴，然後再給狗吃肉。持續這樣的行爲一段時間之後，他就只搖鈴但不給食物。結果發現，明明沒有給狗食物，狗還是會流口水。也就是說，狗的腦中已經形成「鈴鐺＝可以吃肉」的聯想體系（制約反應）。相信讀者都明白這個條件反射就是「衝擊」與「重複」所形成的程式吧。希望讀者聽到「巴夫洛夫的狗」的故事，可千萬不要以爲這只是個單純的動物實驗而已。因爲人類的「制約反應」（程式）比狗還要多。人類的腦比狗還要優秀，所以無論在好、壞方面，可以在更大的範圍培養出更多的制約反應。

簡單的「刺激→反應」的條件反射在NLP也稱為「設心錨」（Anchoring）。如果利用這個人類的習性，**建立你喜歡的制約反應刺激（心錨），我們就能夠隨時在瞬間中建立我們所期盼的狀態**。

●心錨能夠結合強烈的感情與「看到的東西、聽到的東西、觸摸到的東西」

設心錨最重要的重點就是建立「強烈的感覺」（感情），然後結合感覺（感情）與引發感覺的「契機」（板機）。

以巴夫洛夫的狗的例子來說的話，「刺激」就是搖鈴的聲音，「反應」就是流口水。嚴格說來就是「想吃的感情→流口水」的流程。總之就是「想吃」的感情與「搖鈴的聲音」兩者結合起來了。

如同我不斷強調的，程式是透過五感的資訊引發身體感覺的反應而產生。如果想在一瞬間產生程式的話，就必須先受到強烈的身體感覺反應（強烈的衝擊）。各位應該都知道像恐懼症等，就是瞬間形成的程式設定。**「設心錨」也是在短時間之內產生程式的訓練。若想要成功地「設心錨」，大前提就是能夠激發出強烈的感覺（感**

情）。

基本上來說，當身體感受到強烈的感覺（感情）時，也同時會連結「五感資訊」然後成爲心錨。**也就是說，心錨＝「強烈的感覺」（感情）＋「五感資訊」**。

例如，我在高中時代曾經去西武球場觀看我最喜歡的搖滾音樂現場表演。經過十年的歲月之後，爲了看棒球比賽而再度造訪西武球場時，當時看到現場音樂會的影像與感受到的興奮便在體內復甦。正因爲高中時代的感受性強，當時也非常興奮，所以「當時看到的景物」（西武球場）與「當時感覺到的興奮」便連結起來，形成心錨。

另外，我舉辦研討會時，爲了讓聽講學員放鬆，我便會利用設心錨的原理。無論是什麼類型的研討會，我一定會特地打造一個適當的環境，讓參加的學員隨著長時間相處而關係變得融洽，並且建立深刻的親和感。此外，在研討會的會場中，我也一定會播放相同的音樂做爲背景音樂。當學員感受到舒服的感覺時，他們聽到的音樂就會成爲心錨。然後下回進入會場的那一瞬間，只要聽到相同的背景音樂，他們就會再度感受到一直以來在研討會中所感受到的舒服感覺。

這就是利用聲音設心錨的方法。另外，我認識一位訓練講師，爲了設定令人喜歡的心錨，總是會在會場上點相同味道的薰香。**就像這樣，「視覺」、「聽覺」、「身體感覺」、「嗅覺」、「味覺」等，都可以成為心錨的觸發工具。**

●如何製作瞬間產生活力的點火裝置（設心錨）

在此單元，我將說明製作心錨的訓練方式。

①首先，選擇過去的一段情感體驗。初次練習的人若想要確實感受到練習效果，請選擇自己充滿自信時的一段體驗（考試上榜、喜宴等）。

②接著以臨場的感覺充分地沉浸在①所選擇出來的體驗片段（融入）。

若想要特意建立心錨的話，首先必須重現強烈感覺（感情）的體驗。確實回想過去的成功體驗，然後融入這段記憶。在這裡必須重複想像，直到身體感覺（感情）非常強烈。

這裡的重點是如何集中精神徹底回到當時的自己。若想要回想起精確度高的情感體驗，身心都要進入深層的放鬆才行。因此，建議初學者要盡量採取兩人一組的方式，分別擔任引導角色與個案角色，確實建立一個讓個案能夠集中思緒的環境。若是一人獨自進行的話，因爲必須一邊想著順序，一邊體驗，所以比較不容易集中思緒。

若朋友中有人具有NLP經驗的話，請朋友擔任引導者，應該更能夠順利進行體驗。不僅是設心錨的練習，所有的NLP訓練都是一樣的。

接下來是③。**在②的步驟中清清楚楚地回想起以前的成功體驗，充滿當時的感覺之後，觸摸身體的一部分。如此一來，「強烈感覺」（感情）＋「五感資訊」就成立了**。這時的「五感資訊」就是「觸覺」（身體感覺）。

如果在②步驟中能夠感受到非常強烈的感情體驗，觸摸「身體某部分的觸覺」與「強烈的感情體驗」就會產生聯繫。**接著，如果觸摸身體該部位，那強烈情緒就會湧現的話，也就表示這次設心錨的行動成功**。

在此，讓我介紹一個觸覺的心錨效果有多強的案例。很遺憾地，這個案例並沒有得到好的結果，而是負面的結果。

有一位承受強大壓力的個案A去某治療師那邊接受治療。這位治療師是非常和善的人。有一天A感覺非常痛苦（強烈的負面感覺、情緒），於是治療師輕輕地撫摸A的肩膀來勉勵他。過了一陣子，A的痛苦症狀開始改善，有一天他終於從沉重的壓力中解放。治療師爲了慰勞個案A的努力，就如往常般地摸摸他的肩膀。結果，這時個案A突然感覺不適，居然又出現以前感受到壓力時的症狀。原來治療師觸摸他的部位就是以前個案A痛苦時他所碰觸的部位（肩膀）。就像這樣，體驗「強烈感覺」（感情）時觸摸身體某部位的話，這個觸覺就會成爲心錨。

●觸摸身體時的重點

在此，讓我先說明觸摸身體時的重點。**觸摸身體的時間點就是在感情高漲的頂峰附近（心錨點）**。請先看下圖。如圖所示，我們的情緒會逐漸地朝頂峰處高漲上去。當情緒到達此處的心錨點（頂峰附近）時，觸摸身體某部

設心錨的時間點

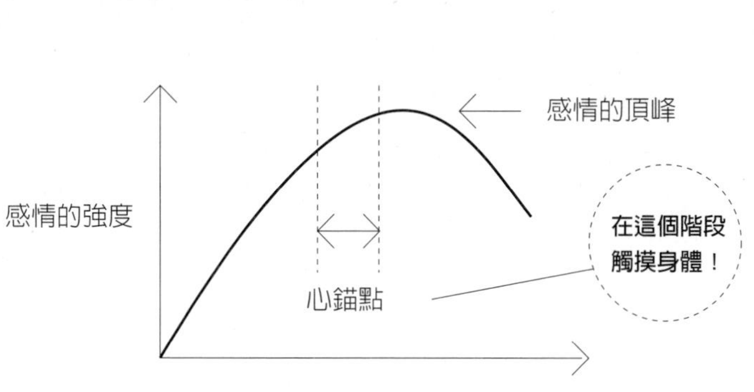

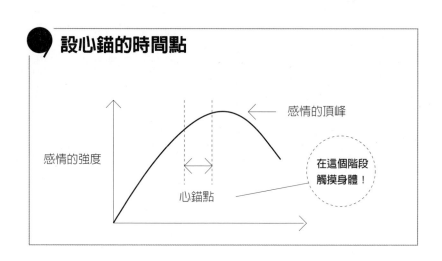

位五～六回，甚至更多。**觸摸時，請在同一個部位以相同力道觸摸，不要移到其他部位**。因此，請選擇能夠精確且多次觸摸的部位。例如耳垂或長痣的部位就很容易明白了。若是一個人獨自進行的話，可以選擇以單手撫摸另一隻手的拇指的方法，這也是很容易辦到的方法。

再來是④，在此先暫時休息。

如果讓情緒持續高漲的話，心錨啓動所引發的變化將難以預測，所以在此先暫停，回到中立狀態。

休息時，強而有力地「活動身體」將會很有幫助。可以在現場跳幾下，也可以進行強力的屈身運動。請持續進行，直到自己的情緒回到平靜的狀態爲止。

最後是⑤，確認設心錨是否成功。

請不斷地輕輕碰觸先前觸摸的部位。這時如果內心重現某種程度的情緒高漲，就表示設心錨成功了。第一次進行這個練習的人，如果身體感覺的反應能夠達到百分之三十～百分之五十就算成功了。

如何製作瞬間產生活力的點火裝置

請在能夠集中精神的安靜環境下進行此練習。

①回想自己充分發揮能力的事件

⇒充滿幹勁且自信滿滿時的體驗等。

②清清楚楚地回想當時的狀況，化身為當時的自己（融入）

⇒清清楚楚地回想過去充滿幹勁的回憶，全力運作五感，體會當時的自己。

※一直體驗到能夠感受身體感覺的反應為止。

③當強烈的感情充分湧現，在抵達最強烈情緒的頂峰前不斷地（五～六次左右）設心錨

⇒不斷地觸摸身體時，一定要在相同部位並以相同力量觸摸。

④冷靜狀態

⇒在此先暫時將意識拉回「此時」‧「這裡」。

※冷靜的理由是為了在⑤的步驟測試心錨是否能夠被觸發啓動，所以在這裡要先暫時回到中立狀態。

⑤以跟原先相同的力道重複觸摸設心錨的部位

⇒若心錨啓動成功的話就OK。若感覺不是非常足夠，請重複進行①～③步驟二到三次以強化心錨。初學者在②時體驗到的情緒，只要達到一半的程度就已足夠（逐漸提高精密度）。

專欄 4

提問是產生「焦點」與「空白」的最佳工具

專欄2、3所介紹的「聚焦原則」與「空白原則」互相連動。

在日常生活中活用這些原則最有效的方法就是「提問」。例如，當有人問你「ＮＬＰ能夠運用在哪些方面？」你的大腦幾乎就會自動地搜尋答案。如果無法馬上找出答案，這個問題就會形成「空白」。

由於大腦討厭「空白」，所以答案遲早都會被找到。各位是否曾經有過這樣的經驗？當你腦中想著某個問題時，看電影或讀書時就會突然想到這個問題的解決對策。

就像這樣，特意將焦點鎖定在正面事物的問題上。透過這樣的方式便能夠提高你的表現。例如，晚上睡覺前，試著自問「今天白天有什麼值得感謝的事情呢？」這時，你就會想出各種事件美好的一面。另外，早上醒來時，問自己「今天有沒有什麼機會能夠提高哪方面的能力呢？」當你製造出這樣的問題（空白）時，大腦就會持續搜尋「提高能力的機會」。透過思考這樣的問題，大腦的焦點就會鎖定在「提高能力的機會」，自然也就容易找到這樣的機會。

自問自答通常要在無意識中進行。在這樣的情況下，樂觀的人會重複樂觀的自問自答，悲觀的人則會重複悲觀的自問自答。

如果看事物的負面，大腦就會跟著連動而產生負面的情緒（身體感覺）。光是早、晚提出正面的問題，看事情的角度就會跟著改變，也會產生正面的心情。這是很簡單的做法，卻能夠帶來絕佳的效果。

第4章

身為領導者最重要的事

所謂領導者不單指組織的管理職，凡是鞏固團隊的角色或是老師、父母等，所有會影響別人的人都稱為領導者。
任何人都可能成為領導者，請試著思考身為「領導者」之重要存在樣貌。

發——呆
小舞真正想做出什麼風格的店？
Story 4
發——呆
店長是怎麼了？
抱著垃圾……
什麼!?
心砰砰跳
妳一直在發呆耶！
發生什麼事了嗎？
沒、沒有的事啦！
逃離現場
……
啪噠
呼～

莫非
我憧憬的人
就是他……
我就是
新妻政宗。
什麼——!!
您在開玩笑
吧？
不是。
真的嗎……
是的！
真丟臉！
我先告辭了！
速速離去
京橋小姐！
えっ
我真是
有夠憨慢！

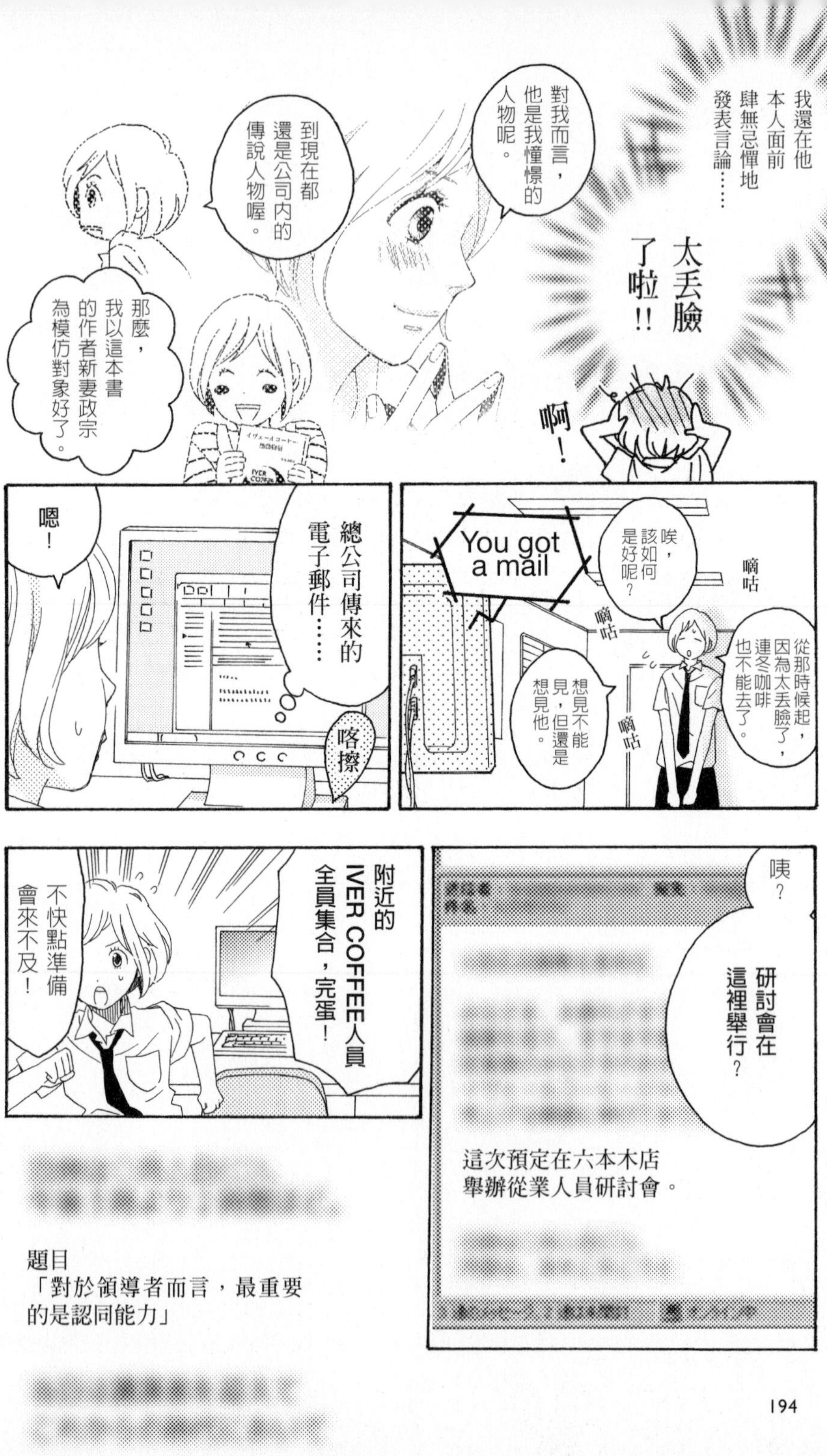
我還在他本人面前肆無忌憚地發表言論……
太丟臉了啦!!
啊！
對我而言，他是我憧憬的人物呢。
到現在都還是公司內的傳說人物喔。
那麼，我以這本書的作者新妻政宗為模仿對象好了。
從那時候起，因為太丟臉了，連冬咖啡也不能去了。
想見不能見，但還是想見他。
唉，該如何是好呢？
嘀咕
嘀咕
嘀咕
嘀咕
You got a mail
總公司傳來的電子郵件……
喀擦
嗯！
咦？
研討會在這裡舉行？
這次預定在六本木店舉辦從業人員研討會。
附近的IVER COFFEE人員全員集合，完蛋！
不快點準備會來不及！
題目
「對於領導者而言，最重要的是認同能力」

研討會當天
店長，我做好了。
嗶！
嗶！
謝謝，那麼請先入座等上課。
您的教育訓練做得很徹底呢。
謝謝。
借用您這家店舉辦研討會，請多多指教。
也請您多多指教。
今天的講師會是誰呢？
！
呃，我不知道耶！
常務好像說是意外的貴賓！
意外？
是誰呢？
讓各位久等了。那麼讓我來介紹今天的特別來賓！
若說他的事蹟現在在公司內部已經成為傳說，真的一點也不誇張！
……
那就是IVER COFFEE的創立成員——
！
不、不會吧！

新妻政宗先生！
各位好，我就是傳說中IVER COFFEE的創立成員，新妻政宗。
哇啊啊啊
本人好帥喔
嘩嘩嘩
好帥喔！
比我想像的還要年輕！
傳說中的人物耶！
是吧！政宗根本就是個歐吉桑的名字吧！
那麼，今天我想跟大家分享的是——
NLP！
我不是公司裡的傳奇人物，是很普通的人。
或許是NLP成就了一部分傳言的內容！
……所謂NLP
！！
！！

以上就是NLP的基礎！
原來如此，真有趣。
我也來試試看吧。
親和感
融入
解離
接下來我想介紹今天的重點：「對於領導者而言，最重要的是認同能力」。
領導者必須具備兩點：
①組織的目標達成
②讓部下得到幸福
②讓部下幸福關係著①組織的目標達成！

在企業裡工作的人，在成為該公司工作的成員之前，
必須先成為一個真正的人！
人
企業
只有幸福的上司才能夠給部下幸福！
幸福
正因為如此，身為上司的你一定要過得幸福。
上司的幸福……
在這裡，
必須具備的是認同。
任何人都擁有「尋求他者認同」的欲望。
請認同我！
認同我！

關於認同分為兩種，也就是「他者認同」與「自我認同」。
①他者認同
指認同他人。
認同我！
②自我認同
指認同自己。
認同吧！
能夠做到「他者認同」表示能夠做到「自我認同」。
只是，不會有人只能做到其中一項。也就是說，能夠做到「自我認同」的人也能夠做到「他者認同」。
如果感覺沒有充分得到認同的人，獲得他人的認同就變得非常重要！
喂、喂、你認同我吧！
眞煩捏！
眞的！
打擊
然後，你就會一直注意他人的行動，使得內心處於無法休息的狀態！
另一方面，能夠做到自我認同的人，
就不那麼在意別人怎麼看待自己。也就能夠自然地選擇原本就想做的事情！
自己的道路
那個傢伙啊
所以，如果能夠做到自我認同的話，就算不依賴他人的認同，也能夠過得很好！
原來如此！

最後，我們也明白，
想要奪取豐盛成果的真面目就是「重要性過高的價值觀」。
目標
過高的價值觀
被稱為完美主義的人，
就是有許多「重要性過高的價值觀」。
十分鐘前行動
三國語言
業績一億日幣
都心豪宅
升遷
可愛的女朋友
年收三千萬日幣
大賣
一旦「重要性過高的價值觀」太多，怎麼都無法認同自己。
因為價值標準太多，很難達到所有的標準。
應該能夠做得更好才對。
因此，總是覺得「做得不夠」、「無法滿足這樣的自己」，
如此地與自己內在的價值觀比較，常深感痛苦。
這是在說我嘛！
我也是。
我也一樣。
我也這麼認為。
就算在一流的公司上班，也因為長期否定自己，
超一流企業
完全無法得到自我滿足，因而長期感到壓力。
更努力
一流企業
更努力
更努力
也由於無法認同自己、總是否定自己，所以自我形象程度低。
那麼，所謂的「幸福人生」是什麼？

所謂「幸福人生」就是感覺充實的時間很長！
對你而言，什麼是幸福人生？
你呢？
我是跟家人相處的時間。
我覺得有錢就會幸福。
我是吃好吃的東西的時候。
就像大家剛剛說的，幸福的價值觀每個人各不相同。
有的人就算家境貧窮，但因為家人互相扶持而每天過著幸福的日子。
幸福
不幸福
不過，也有人就算年收三千萬也還是感到不幸福。
不管學歷有多高，業績有多好，
無法認同自己的人就稱不上是幸福！
這是因為人們會在潛意識中透過自己內在的價值觀來評斷他人好壞的緣故。
價值觀
好
壞
另外，價值標準高、價值觀多（完美主義）的人，
也可能無法接納部下。
否定部下的機會變多。
喂！
為什麼連這樣的事也辦不到？說啊！喂！

例如，守時的人只要自己遲到就會陷入自我厭惡的狀態，
同時也不允許別人遲到。
你好慢！電影都開始上演了啦！
完了，已經第三局了。
相反地，大而化之的人，就算自己遲到，也不會感到過度的痛苦。
對於別人的遲到也能夠適當地處理。
久等了♪
又遲到了。
差勁！
抱歉！
沒關係啦！
總之，會以自己內在的價值觀，
來評斷自己與他人的，就是人類！
吞口水
價值標準高或價值觀多（完美主義）的人否定部下的機會也多。
否定
部下就會產生身為部下的自己很無能的想法。
部下的自我形象也會變差。
大家的自我形象程度都變差。

這樣的話，大家都不會變得幸福！
反正我就是沒有用！
我做不到……
反正像我這樣的人……
指的就是我……
我想起有件事……
所以，各位自己本身感到痛苦時，
要注意你的想法是不是「重要性過高的價值觀」。
如果察覺到這點的話，請從這樣的價值觀抽離出來！
你一定會感到輕鬆才對！
這時的做法是……
「痛苦的狀況」
↓
「察覺到價值觀」
↓
「注意對價值觀不要過度認同（認同指融入）」
↓
「從價值觀抽離」
無法接納部下而感覺痛苦時，也請執行相同的步驟！

前面提到「會以自己內在的價值觀來評斷自己與他人的，就是人類」。
價值觀
正因為如此，對於別人的行為產生情緒反應時，
應該就能夠察覺自己內在的程式（價值觀等）。
價值觀
NOT OK
OK
別人就是自己的鏡子！
察覺自己極度的堅持或極端的價值觀，然後減緩如此極端的程度。
一旦你這麼做，你就能夠接納自己。
然後，就能夠接納部下了。

不再否定自己本身。
OK
自己
＝
變成OK的狀態。
部下不會被極端的價值觀所評斷。
＝
感覺安全・安心。
沒關係啦！
弄錯了！
OK
OK
呼！
部下
＝
OK的狀態。
OK
結果就能夠建立親和感。
安全安心
沒有必要防衛，就會敞開心胸。
能夠建立親和感。
這個時候，領導者自己不用與部下同步也能建立親和感。
這是因為潛意識會判斷危險，而關閉內心來保護自己！
不過，當領導者接納部下而不是評斷部下時，自己就會敞開心胸！
結果部下就會感到輕鬆，而能夠充分發揮其原有的實力。
只是，這並不是溺愛部下喔。
偷瞄
應該說的事情就必須確實傳達！

只是，若是密切的信賴關係的話，
雙方的關係會很和諧。
接近良好的親子關係！
在良好的親子關係中是100%接納小孩的！
雖然有時也會嚴格管教，不過那是因為父母一直都是100%愛著小孩的緣故！
所以請上司與部下要建立互相認同的關係。
如果能夠確實接納領導者所說的話，
部下就能夠提高動力工作！
最後，
我們人類到底是為了什麼而必須工作呢？
不就是為了得到幸福嗎？

正因為如此，
所以我們需要
認同能力強的領導者！
啪啪！
啪啪！
今天真
謝謝您。
啪啪！
好久沒
這麼
緊張了。
啪啪！
新妻先生。

京橋小姐。
膽怯
上次在您面前匆匆逃離，真的很抱歉！
!!
一直想對您說聲抱歉……
但是不知道該怎麼面對您……
我也感到很抱歉，
我沒有機會說出我的身分，我以為是因為我沒告訴妳，所以被妳討厭了。
沒、沒那回事啦！
反倒是我想你一定認為我是一個很奇怪的人……
噗！
啊哈哈哈

這就是妳負責的店啊，感覺氣氛非常棒呀！
咦？
真正好的店，進來的那一瞬間就知道了！
自然且協調，而且溝通也非常有默契。
這家店做到了。

能夠認識新妻先生真是太好了……
嗯。
店長，妳這是愛的告白嗎？
!!
奸笑
奸笑
厚！
不是啦！我不是那個意思啦！是因為新妻先生教過我NLP啦！
臉都紅了喲！
……

妳已經實現夢想了，不是嗎？
我一踏進這家店就感覺很喜歡這家店的氣氛⋯
妳不覺得這家店的氛圍跟我們平常見面的那家咖啡店很像嗎？
咦？
這不就是妳希望獨立開店的夢想咖啡店的樣子嗎？

真的耶，這家店……
就如同我希望的那樣，已經成為一家提供舒適的空間與時間的咖啡店了。
就算不用獨立創業，夢想也充分實現了。夢想是能夠重新建構的。
不過……
現在自己抽離出來之後才發現。
什麼？

比這麼棒的店更棒的是，能夠跟這麼重要的朋友們一起工作！
如果沒有學會NLP，我是不會發現這點的……
以後也請多多指導，拜託您了！
我也是，請多多指教！
IVER COFFEE

01 領導者必須具備什麼條件？

●領導者的任務

我自己本身若被問到「在組織中，領導者的任務是什麼？」，我的回答一定是「達成組織的目標」。這裡所指的領導者，除了組織的管理階層之外，也包括學校的老師、社團的主持人、小孩的父母等所有會影響他人的人。

例如，營利組織與非營利組織的目標性質完全不同。因此，根據組織的不同性質，領導者必須採取的具體行動應該也大不相同吧！不過，所謂領導特質指的就是領導者發揮的能力，**此能力的本質都一樣是「影響他人」**、**「讓他人達成目標」**。即便組織的型態不同，對於領導者所要求的能力也不會改變。因此，優秀的領導者就算轉換到完全不同領域的組織，也一樣能夠達成目標。

若想要「影響他人」的話，就必須先理解人類的本質。優秀的領導者多半在經驗上非常熟悉人性。因此，他們知道該在什麼樣的時機保持什麼樣的關係就可以了。

前面的章節說明了，若想要瞭解人類的本質，就必須先瞭解潛意識的性質。

本單元將說明領導者若想要達成目標，就要引導相關成員充分發揮能力。本單元也將介紹建立團結性強的組織時不可或缺的「人的自處方式」，同時，這也代表人類得到幸福的生存方法。

領導者的任務

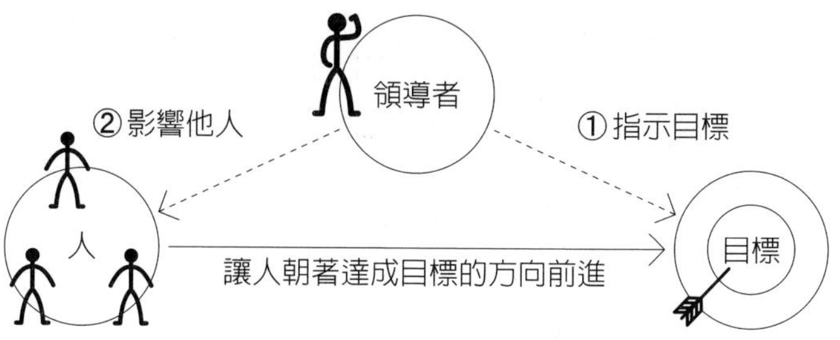
領導者
②影響他人
①指示目標
人
讓人朝著達成目標的方向前進
目標

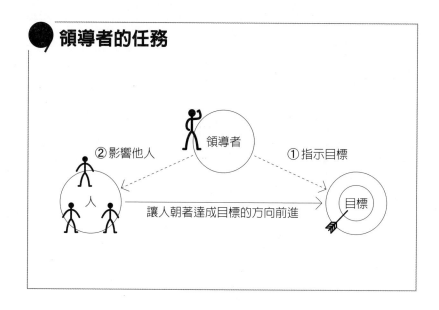

●優秀的領導者是激發他人產生幹勁的高手

領導者的目標是達成組織的目標。還有，爲了達到此目的，必須揭示目標、引導成員。不過，如果領導者沒有抱持著強烈的目的意識，也不會有人想要追隨吧。因此，領導者必須具備清楚而堅定的願景，與必定達成的強烈欲望才行。如果這些欲望越強，團隊的向心力就越強。就算該目標是組織高層下達的命令，領導者也必須深切地瞭解達成該目標的意義。

若想要做到這點，前面介紹過的「重新建構」將會帶來很大的幫助。如我一再提醒的，事物本身並沒有任何意義。因此，就算乍看是微不足道的瑣碎工作，也能夠找出這件工作的意義。被稱爲經營之神的松下幸之助（「松下電器」創辦人）等優秀的領導者，也是找出工作意義的高手。

只是，一個人是無法獨自達成目標的。目標越大，越需要合作夥伴的支持。因此，對於合作夥伴而言，目標就要具有吸引力。假使那個目標看起來不具吸引力的話，領導者就必須透過重新建構，深切地理解達成該目標的意義，並且也必須具備傳遞此意義的溝通能力。

簡言之，領導者必須明確地傳遞目標的意義，並且將合作夥伴的欲望導向目標的方向。想要做到這點，領導者就必須與合作夥伴的情感保持密切關係，而不是透過思考連結彼此間的關係。因爲**人類會想跟隨的是自己抱持好感的人，而不會想跟隨說出正確道理的人**。此外，這個好感將會成爲「安全、安心」的基礎。

領導者與人的感情（身體感覺）有關

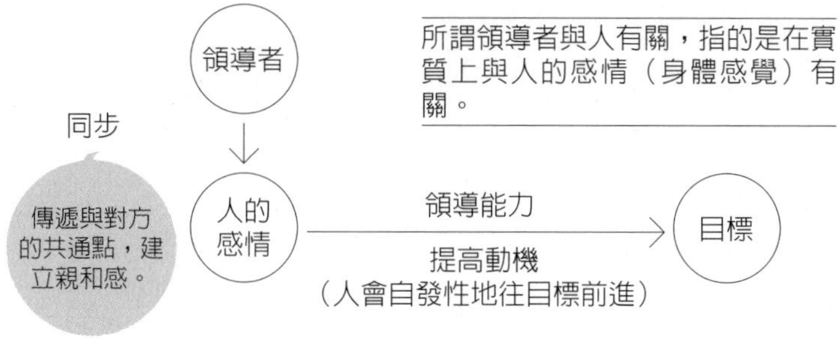

所謂領導者與人有關，指的是在實質上與人的感情（身體感覺）有關。
領導者
同步
傳遞與對方的共通點，建立親和感。
人的感情
領導能力
提高動機
（人會自發性地往目標前進）
目標

02 開心的管理、痛苦的管理

●親和感的目的是什麼？

本書第二章說明了溝通時建立親和感的重要性。不過，建立親和感給予對方強烈的影響，主要是為了達到某種目的。特別是在組織裡，達成目標是未來成功的雛型，也是領導者的基本功。讓合作夥伴開心地工作並達成目標的過程是領導能力（引導），前提則是彼此間的親和感（信賴關係）。但這不是只為了產生一個感情密切的團隊而建立親和感的。

●應該追求「開心的管理」

有一種管理方法是施加壓力以激發行動動機。如開場白中說的，**「程式是透過連**

結**『開心的感覺』與『痛苦的感覺』而產生**」。因此，如果是以施予懲罰的方式，讓對方把「無法達成目標＝恐懼」聯想一起的話，那就會因爲討厭被懲罰，而更加努力一些。不過**這是以負面動機為基礎來引發行動動機，稱之為「痛苦的管理」**。當然，即便是現在也經常聽到有公司實施這樣的管理案例。

這種「痛苦的管理」確實具有速效。這是因爲我們最強烈的情感就是「想逃避痛苦」，而這個方法就是以這樣的恐懼情緒爲出發點。不過，只有極少部分的人能夠藉由這樣的方式維持長久的動機。過度的壓力會造成精神上與肉體上的疲憊，於是潛意識爲了讓我們避開在這樣的狀態下持續工作，便會故意讓我們注意力渙散，或是讓我們討厭上班等等。

另一方面，潛意識對於「開心的感覺」則是會全面性地支持。感覺開心時，腦內會分泌提高免疫功能的荷爾蒙。這是潛意識爲了滿足生存本能的狀態而讓身體活化起來。因此，**能夠開心工作或是在具有親和感的關係中工作，不僅不會感到疲憊，還能夠提高集中力，這就是「開心的管理」**。哪種管理方式比較自然，自不待言。

03 真正的認同是什麼？

●價值觀與價值標準

最能夠影響人的感情的就是價值觀了。**價值觀產生「價值標準」**。於是，若是看到誰的行爲或言語低於此標準時，內心就會產生負面情緒，高於此標準時，內心就會產生正面情緒。

例如，在學生時代參加體育類的嚴格社團，多數人都會因爲社團活動的關係而培養出「學長是絕對的」之價值觀吧。一旦內心產生這樣的價值觀，無論好壞，都會以這樣的價值觀來評斷他人。這樣的人找工作時，應該就會對於上下關係能分別清楚的公司抱持好感。另外，對於會禮貌地與上司打招呼的部下或同事也會抱持好感。反過來說，對於親切攀談的部下或許就會感到厭惡也說不定。透過上述的舉例，我們就能夠明白，價值觀產生的價值標準會左右情感的表現。

●所謂瞭解部下就是瞭解部下的價值觀

換言之，價值觀與感情具有密切的關係。如「第四章01領導者與人的感情（身體感覺）有關」的圖表所呈現的，看起來是領導者對於感情同步，不過實質上卻是對價值觀的同步。

若領導者想與部下的價值觀同步，必須具備察覺部下價值觀的感性能力，因爲瞭解其價值觀，意味著瞭解部下最重視的事物。

戴爾・卡內基（Dale Carnegie）的《人性的弱點》（*How to Win Friends & Influence People*）不斷重複「對他人表示感興趣」之重要性，其本質就是對於他人（部下等）所重視的價值觀感興趣。因爲人類最想要得到的就是被他人「認同」。

●能夠認同的人與無法認同的人之差別

人類最想要得到的就是被他人「認同」。**理由是，因為只有「認同」才會帶來最高程度的安全、安心。**

「認同」的本質是「接納」對方的狀態。只是，接納分爲兩種，分別是**「接納部**

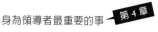

分」與「接納已存在的事物」。

例如，假設你的上司是一位嚴格遵守時間的人，而你也知道這件事，所以你每天努力地提早出門上班。上司非常喜歡你這點而不斷給予稱讚。這是在哪種層面得到認同呢？

爲了讓說明簡單易懂，所以舉這個極端的例子。不過，由於上司的價值觀本來就是嚴格遵守時間，而你的作爲超乎他所要求的價值標準，所以上司會感到非常高興（接納）。

像這位上司那樣嚴格遵守時間的人，往往無法原諒不重視時間的人。在這種情況下，如果對方的行爲低於上司的價值標準，他們就會想斥責（評斷）對方吧。更別說要接納了，那是根本辦不到的。

你自己內心也是有容易認同的人，與無論如何都無法認同的人吧？對於必須努力認同的人，就算表面上裝出冷靜的模樣，內心也是無法表示認同。

我說明親和感的時候也提過，人類會對擁有相同價值觀的人敞開心胸。因此，在大部分的情況下，對於能達到自己心中的價值標準的人，我們很自然地就會接納（認同），但對於無法達到心中的價值標準的人，我們就會傾向封閉內心（無法認同）。

「接納部分」與「接納已存在的事物」之間的差異

●價值標準產生「OK」與「NOT OK」

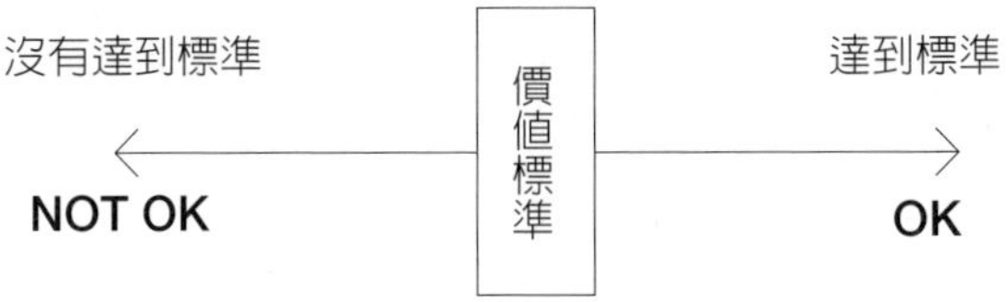

➡如上圖所示，人類對於達到價值觀所產生的價值標準的人會覺得OK（想接納），對於無法滿足該價值標準的人會覺得NOT OK（不想接納）。

●接納部分

➡透過「價值標準」看別人時，我們能夠接納達到「價值標準」的人（能夠認同），對於無法達到「價值標準」的人，我們會產生抗拒。

●接納已存在的事物

➡把自己的價值觀放在一旁之後，我們才能夠真正地看待他人，而不會評斷「OK、NOT OK」。像這樣的狀態，就沒有拒絕他人各種面向的理由，只是單純地接納而已。

（參照「第四章05超越OK與NOT OK的『OK』圖表」）

04 因價值觀產生的光與影

●偉大價值觀也可能成為壓力的來源

如同前面所說明的，自己內心的價值標準成爲一個過濾器。透過這個過濾器看對方時，我們會產生想讚美對方或感覺不舒服等「反應」。針對這個基本原理，我已經在第二章中解釋過了。

不過，由於這些過濾器（價值標準）是透明的，所以我們不會察覺到自己是透過過濾器來評斷對方而產生特定的反應。

例如，透過極度嚴格遵守時間的價值標準來看世界者，會覺得遵守時間是天經地義的事，所以認定這是事實。由於**人類只能透過自己本身來體驗，所以容易產生「自己本身的標準＝人類的標準」的錯覺**。

學過心理學或當過教練的人在腦子（意識）裡應該都很清楚每個人的特色各有不

自己本身的標準＝人類的標準之錯覺

再怎麼健全的價值觀，一旦過度重視也會成為壓力的來源。

價值觀與自己合而為一的狀態，
而且，一旦過度重視價值觀……

例如
・達到他人的期待　・嚴格遵守時間　・大人就要獨立
・愛（重視）他人　・遵守約定　・遵守規定
・活出自己的風格　・不給別人惹麻煩
等等…

・對於符合自己期待的人
⇒想要稱讚對方
・對於無法和善待人的自己
⇒認為自己冷漠而否定自己
・看到活出自我風格的人
⇒如果自己做不到就會感到沮喪
・不重視時間的人
⇒討厭，貼上失敗者的標籤
・被爽約
⇒氣憤，嚴厲指責對方
・給別人帶來麻煩
⇒極度地討厭自己
・與依賴的人有關
⇒感到焦慮、斷絕關係
・破壞規矩
⇒產生嚴重的罪惡感
等等

⇒自動地反應，評斷自己與他人。

一旦認定自己的價值觀是真實的，就難以察覺這個過濾器。還有，由於自己透過價值觀這個過濾器來看世界，所以會自動地對人或事件做出反應或評斷。

同吧。不過，由於價值觀等程式位於潛意識的層面裡，所以身體感覺（潛意識）會與腦中所想的不同，並做出反應。由於身體感覺的反應非常強烈，所以一旦反應出來，人就無法冷靜思考。這時，當「價值觀＝自己本身」時，表示價值觀完全「內化」，自己就會毫無疑問地認定自己的價值觀是絕對眞實的。

假設該價值觀是受到大部分人支持的健全價值觀，則更難察覺這個位於自己內在的過濾器。其實，**再怎麼健全的價值觀，一旦過度重視了，就會無法認同他人，同時這價值觀也會成為自己壓力的來源**。

例如「達到他人的期待」、「愛（重視）他人」、「活出自己的風格」等，是被多數人視爲理所當然而被接受的價值觀吧！一般來說，如果是重要的價值觀，就沒有太大的問題。然而，若是這些價值觀被過度重視，我們就無法接納達不到這些標準的人。另外，當自己所處的狀況無法尊重這些價值觀時，也容易陷入自我否定。

讓我們試著思考「達到他人期待」這個價值觀吧！以重視客戶、上司、部下或是雙親等觀點來看的話，這個價值觀非常有幫助。不過，一旦此重要性過高，當自己偏愛的部下沒有達到自己的期待時，自己就會開始感到煩躁。這是因爲自己本身沒有察覺到自己非常重視這個價值觀，而且正以這個過濾器（價值標準）評斷對方的緣故。

另外，當自己無法達到上司的期待時，一定會感到嚴重的沮喪吧！

「愛（重視）他人」也是一樣。大家都同意這是個健全的價值觀。不過，如果過度重視的話，會變得如何呢？或許我們會極度厭惡傷害他人的人。還有，我們認爲應該幫助他人，卻因爲某種理由而辦不到時，就會嚴重地否定自己。無論是哪種情況，都幾乎會讓自己體會到足以糟蹋自己人生的負面情緒。

最後，人類會以自己內在的價值觀評量他人，同時也評斷他人。同樣地，相同的價值觀也會成爲接納自己、否定自己的評價標準。

自己內在的價值標準同時成為接納自己與他人、評斷自己與他人的量尺。

希望讀者要先確實理解這點。

總之，就算自己認爲是內在光明面的健全價值觀，也會因過度重視而成爲壓力的來源。

05 能夠自我認同的人才能夠認同他人

● 何謂自我認同．他者認同？

接納自己稱為「自我認同」、接納他人稱為「他者認同」。

一般人評斷「自己」或「他人」時，都會以相同的價值觀為評量標準，如果自己內在的價值觀少、各種價值觀的重要程度低的話，就幾乎不會評斷自己。也會自然地接受此刻的自己。這就是建立了「自我認同」的狀態，也是從「非得這樣做不可」、「一定要那麼做」的堅持獲得無限解放的狀態。事實上，處於這樣的狀態時，自我形象的程度也比較高。

對你而言，「自我形象程度高的人」會帶給你什麼樣的印象呢？可能許多人都會產生學歷高、任職於知名企業、年收入豐厚……等印象吧。不過，就算符合這些條件，卻還是感覺「還沒成功」、「這樣的我能力太差」、「再不進步一點就不能原諒自己」的話，那就是內心處於「自我否定」的狀態。**自我形象程度高的人是不會同時「自我否定」的**。

自我形象程度高的人其共通點就是眞正覺得「自己＝ＯＫ」。**如果感覺「自己＝NOT OK」的話，無論身處多優的環境或條件，也談不上自我形象程度是高是低**。相反地，就算沒有富裕的生活，也沒有傲人的學歷或職歷，但是**經常感覺「自己＝OK」的人，就是自我形象程度高的人**。以這種心態活著的人，其人生的大部分時間都會感覺豐富。我在前面也曾經提過，所謂過著幸福人生的人，是指身體感覺充實的時間長的人。

現代人對於自己本身多半感覺「空虛」。不過，希望各位能夠確實明白產生此空虛感的眞正原因，就是自己內在存在著過剩的價值觀所導致的。

●事物的本來面貌完全沒有「好、壞」

請參考本節「想像產生反應」的圖示。如我一再強調的，我們體驗到的任何事件都不存在任何價值。其本來面貌是「無色透明」的。不過，當我們帶著價值觀等既定印象來看待發生的事件時，好、壞等評價就會跟著產生。因爲覺得「好」所以變得開心，因爲覺得「不好」所以變得痛苦。這個「開心」與「痛苦」都是身體感覺所產生的反應。促使這些反應產生的並非無色透明的「事件本身」，而是加諸於這些事件的印象（過濾器）。希望讀者能夠再次理解這點。如果腦子只是大概知道這個道理是毫無幫助的。那麼眞實的身體反應與強烈的衝擊，會讓你感覺事件本身是痛苦的。

關於「人的本來面貌」也是一樣。性別、年齡、膚色、國籍等各有不同，不是「好、壞」的問題。

長頸鹿與獅子之間的差異本來就無從比較，因爲牠們的存在本來就是完全不同。當然，有人喜歡長頸鹿，也有人喜歡獅子。這種喜好是以價値觀爲基礎，好惡的反應只不過是對於長頸鹿或獅子的印象所產生的，並不是長頸鹿或獅子的本來面貌產生的。

非洲人或亞洲人的肌肉特徵也不一樣。因此，在短跑的時候，非洲人就占上風。不過，跑得快這件事情本身並沒有好與壞的分別。就像是鳥能夠飛，獵豹能夠跑得快一樣，牠們只是各自擁有各自的特質而已，其特質並沒有所謂的好壞之分。

想像產生反應

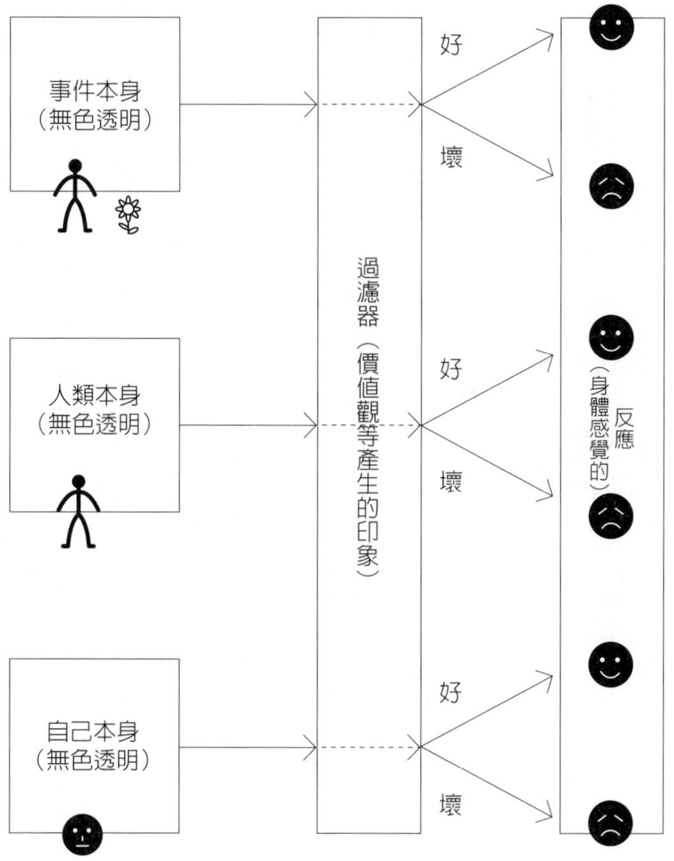

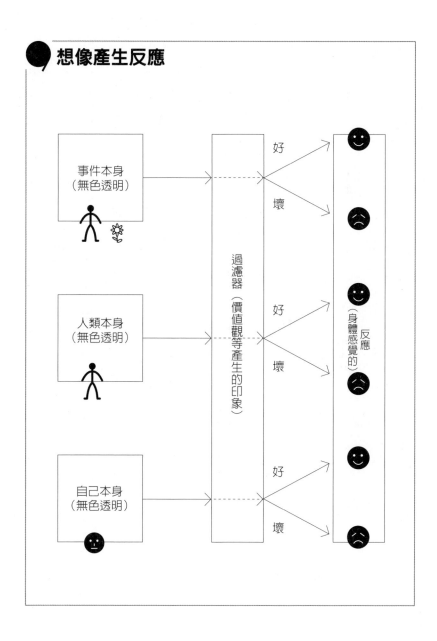

決定好壞的永遠都是人類的價值觀。體型的大小或特徵、功課好不好、學歷、地位、名聲、收入、隨身物品等這些不管怎樣本來就沒有「好、壞」的分別。社長就只是社長，設計師就只是設計師而已。當你把好壞、地位、身分等自己的好惡放在一邊再來看這些人物時，就會發現超越好壞的獨特性與本質了。

●「自己本身」完全無所謂好壞，而是獨特且無可替代的存在

那麼，你自己本身又是如何呢？

你自己本身的本來樣貌是否有「好、壞」的分別呢？

應該有許多人覺得不喜歡自己或是認爲自己沒有用吧。不過，在尚未被價值觀染色前（無色透明），你的本來面貌並不是你的價值標準所能夠規範的。

不過，正如本節「想像產生反應」的圖示，我們在潛意識中會透過自己內在的價值觀判斷自己本身是好是壞，其結果就是有喜有憂。也就是說，當我們感到痛苦時，只不過是被不具實體的印象（價值觀等）所影響而已。

褪去這些印象來看待自己本身時，你會看到什麼呢？不就是自己的本來樣貌而已

嗎？那樣的自己不是獨特的嗎？是世界上只有一個、獨一無二且無可取代的存在，不是嗎？

長頸鹿正因爲長頸鹿的獨特而無可比較，所以具有其獨特的價值。**同樣地，獨一無二、無可取代的你的存在，不是跟誰比較之後顯得偉大，而是超越好、壞的獨特存在，也正因為如此才更顯尊貴。**

●別人的存在是幫助自己看清自己的鏡子

本書曾經提過，價值觀只不過是後天產生的程式、印象而已。正因爲不過是印象而已，所以也能夠捨棄。

我曾經有位個案緊守著「一日不做一日不食」的價值觀。由於過度信仰這個價值觀，導致他連假日在家悠閒度過時都會產生罪惡感。另外，他對於一邊談笑、一邊工作的同事也會產生負面評價。不過，最後他對於被這樣的價值觀搞得翻天覆地的人生感到後悔而終於放手。現在他不僅能夠原諒悠閒度日的自己，也發現看起來一邊工作、一邊開玩笑的同事只是很開心地工作而已。

從這個案例可以明白，他人看似負面的樣貌其實只是反映自己本身的樣貌而已。正如許多先賢不約而同說的：「**別人的存在是幫助自己看清自己的鏡子**。」因此，就如同我的那位個案一樣，當他拋開自己內在的價值觀時，不僅自己改變，他看到的別人、世界等也都改變了。只要你自己不要把自己鎖進「價值觀的牢籠裡」，你的世界隨時就會變得無限的寬廣與自由。

●「自我認同」的同時也存在「他者認同」

相信我的個案案例可以讓各位明白，一旦拋開極端的價值觀，「自我認同」的程度就會提升。所謂「自我認同」指自己內在的價值觀的重要性低，所以不會評斷自己，結果就會純粹地接納自己的狀態。

也如同前面所提到的案例一樣，這樣的狀態與他者相關時，由於自己心中沒有「非得這樣不可」、「一定要這麼做」的想法，所以也不會對他人抱持這樣的期待。**總之，「自我認同」時，也同時存在「他者認同」**。這個時候無須做任何認同的努力，只是純粹接納他人而已。**這就是認同所有一切的狀態**。

超越OK與NOT OK的「OK」

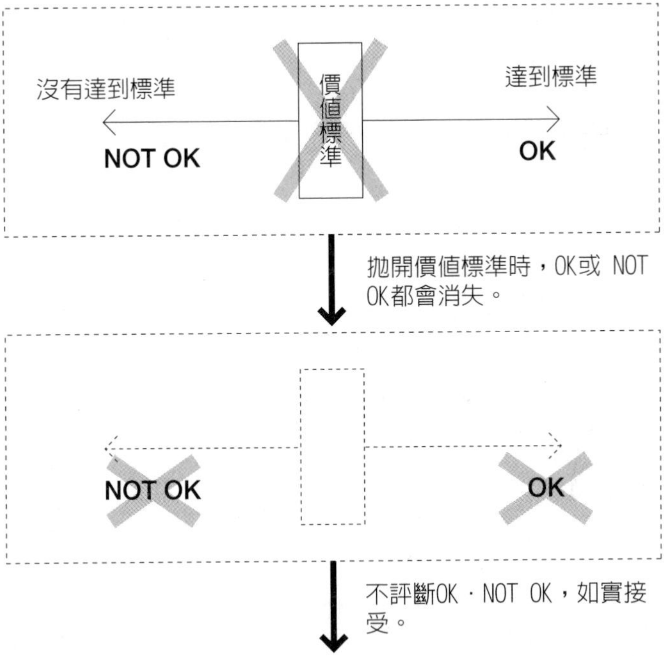
沒有達到標準
達到標準
價值標準
NOT OK
OK
拋開價值標準時，OK或 NOT OK都會消失。
NOT OK
OK
不評斷OK．NOT OK，如實接受。

把價值觀放在一旁時，超越OK（好）、NOT OK（壞）的世界就會變得寬廣。在這樣的世界裡，不是達到價值標準才接納對方的條件式OK，而只是不否定對方，如實接受對方的OK。

06 如何培育真正有用的人才？

認同的本質是「接納」。「接納」也分爲「接納部分」與「接納已存在的事物」。順帶一提，「接納已存在的事物」的認同稱爲支持力（Sponsorship），支持力會讓人發揮能力的最大極限。

●人會在什麼時候發揮能力的極限

所謂「接納部分」是指以自己內在的某項價值標準來評量，若對方達到該標準，就接納對方。因此，如「第四章03」的圖所示，在實質上這是以自己的尺度評量他人。

還有，**所謂「接納已存在的事物」是指，就算是暫時性的也沒關係，不以價值判斷來看待對方**（參照「第四章05超越OK與NOT OK的『OK』圖表」）。

這裡寫著**「就算是暫時性的也沒關係」**。如前所述，我們的腦中有無數個價值觀，而且我們也無法抹滅所有的價值觀。只是，如果理解本書所傳遞的原理，明白是哪個價值觀阻礙我們接納對方的話，就會瞭解只不過是這個價值觀已經與自己合而為一（內化），所以無法接納對方而已。

若察覺到這點，就能夠從這個價值觀抽離出來。這意味著信仰此價值觀的自己從外部冷靜且客觀地觀察整個狀況。只要不是非常根深蒂固的價值觀，這麼做就會發揮效用。因為價值觀不是你自己本身，那只不過是你在不知不覺當中，加諸於對方（他者）與自己的印象而已。實際上，讀過本書的各位，今後應該也能夠更敏感地察覺到價值觀所造成的影響吧。

若單單只是察覺也會減少對於價值觀的堅持。察覺這件事就是自己本身看待該價值觀的體驗。這代表自己與價值觀的分離，也就是自己多多少少已經抽離該價值觀了。

若能暫時不抱持任何價值判斷的時候，表示沒有任何可評斷對方的標準，能夠單純地接納對方此時的狀態。這時候，眼前的這個人就會覺得自己本身獲得接納。當這個人察覺自己不會遭受評斷，就會感到無限的安全與安心。最後，他也會覺得沒有必要防衛自己的一切而敞開心胸。

一個人的眞心話就算沒有說出口，也會從身體表現出來。而且，我們的潛意識總是會從微妙的氣氛中察覺到眼前的人是敵是友。假如潛意識感覺眼前的人具有攻擊性的話，你就會產生恐懼的情緒。無論是多麼激進的部下，只要感覺對方是自己的朋友，就會在對方面前表現得像隻溫馴的貓咪。

「就算只是與部下的談話也無所謂。」把自己的價值觀擱置一旁，試著努力地接納對方看看吧。

若想要建立親和感，同步能夠確保安全安心。假如你的存在（支持）接納對方存在的事實，就算沒有同步也能夠建立親和感。這是因爲若想要建立親和感，就必須讓對方感到「安全、安心」的緣故。同步只不過是建立親和感的方法之一而已。

當你已經不會評斷對方時，對方就沒有必要保護自己，他可以不用逞強，只是以自己的本來面貌存在。這時候，部下就會處於能夠發揮最大能力的環境中，好好只專注眼前的工作。這就是支持（認同）。

生在資訊錯綜複雜的社會中的我們，被前所未有的多種價值觀綁住手腳。正因爲我們生長在這樣的時代，所以我希望能夠提供從價值觀中鬆綁的生活方式。

各位並不是因爲得到什麼新的東西而變得充實，而是透過捨棄已經擁有的而變得富足。衷心期盼讀者能夠善加運用ＮＬＰ達到這樣的目標。

本章開頭提到領導者的任務是「達成目標」。更進一步地，我認爲若想要支持目標的達成，「讓部下幸福」也是領導者的任務之一。「幸福的部下」會產生源源不絕的創意，如此就能夠提供豐富的想法給客戶，試想，承受著壓力且疲憊的人應該很難對客戶做出有用的貢獻吧。

我學習並親身實踐ＮＬＰ，確實感受到「開心的管理」是能夠輕鬆達成目標的方法。職場上眞正需要的是「持續的活力」。實現這個的重點則在於「親和感」與「支持力」。

如果讀者們能在各種場合中靈活運用本書所提供的精華，我當深感萬幸。

ideaman 149

【圖解】驚人的NLP！
擺脫框架，重塑自我信念，安裝人生新程式

原著書名／マンガでやさしくわかるNLP
原出版社／日本能率協会マネジメントセンター
作　　者／山崎啓支
內頁繪圖／サノマリナ
譯　　者／陳美瑛
企劃選書／劉枚瑛
責任編輯／劉枚瑛
特約編輯／吳慧玲

版　　權／吳亭儀、江欣瑜、林易萱
行銷業務／黃崇華、賴正祐、周佑潔、賴玉嵐
總 編 輯／何宜珍
總 經 理／彭之琬
事業群總經理／黃淑貞
發 行 人／何飛鵬
法律顧問／元禾法律事務所 王子文律師
出　　版／商周出版
台北市104中山區民生東路二段141號9樓
電話：(02) 2500-7008　傳真：(02) 2500-7759
E-mail：bwp.service@cite.com.tw　Blog：http://bwp25007008.pixnet.net./blog
發　　行／英屬蓋曼群島商家庭傳媒股份有限公司城邦分公司
台北市104中山區民生東路二段141號2樓
書虫客服專線：(02)2500-7718、(02) 2500-7719
服務時間：週一至週五上午09:30-12:00；下午13:30-17:00
24小時傳真專線：(02) 2500-1990；(02) 2500-1991
劃撥帳號：19863813　戶名：書虫股份有限公司
讀者服務信箱：service@readingclub.com.tw　城邦讀書花園：www.cite.com.tw
香港發行所／城邦(香港)出版集團有限公司
香港灣仔駱克道193號超商業中心1樓
電話：(852) 25086231傳真：(852) 25789337　E-mail：hkcite@biznetvigator.com
馬新發行所／城邦(馬新)出版集團 Cite (M) Sdn Bhd
41, Jalan Radin Anum, Bandar Baru Sri Petaling,
57000 Kuala Lumpur, Malaysia.
電話：(603)90563833　傳真：(603)90576622　E-mail：services@cite.my

美術設計／林家琪
印　　刷／卡樂彩色製版有限公司
經 銷 商／聯合發行股份有限公司　電話：(02)2917-8022　傳真：(02)2911-0053

■2014年（民103）04月初版
■2022年（民111）12月13日2版
定價／360元
ISBN 978-626-318-469-5

Printed in Taiwan
城邦讀書花園
www.cite.com.tw

國家圖書館出版品預行編目(CIP)資料

【圖解】驚人的NLP!：擺脫框架,重塑自我信念,安裝人生新程式/山崎啓支著；陳美瑛譯. -- 2版. -- 臺北市：商周出版：英屬蓋曼群島商家庭傳媒股份有限公司城邦分公司發行, 民111.12　248面；14.8×21公分. -- (ideaman；149)　譯自：マンガでやさしくわかるNLP
ISBN 978-626-318-469-5(平裝)　1.CST: 溝通 2.CST: 傳播心理學 3.CST: 神經語言學 4.CST: 漫畫
177.1　　111016595

Idea
man

Idea
man